RAMÓN DANILO CORDERO RODRÍGUEZ

MONÓLOGOS Y OTROS ESCRITOS

SALTO AL REVERSO

MONÓLOGOS Y OTROS ESCRITOS
© Ramón Danilo Cordero Rodríguez
La Vega, República Dominicana, 2021

SALTOAL**REVERSO**

De esta edición:
Editorial Salto al reverso, 2021
editorialsaltoalreverso.com

Primera edición: enero de 2021

Ilustración y diseño de portada: Fiesky Rivas
Diseño de colección: Fiesky Rivas
Fotografía del autor: David Oseas

A Altagracia Ruiz Ruiz, por ser mi compañera de 25 años, quien ha pagado el mayor precio para hacer posible el nacimiento de cada obra de Monólogos y otros escritos.

AGRADECIMIENTOS

Al gran arquitecto del Tetragrámaton, el innombrable, por haber designado cuatro consonantes para su nombre, haciendo posible que los seres pensantes jamás se pongan de acuerdo con su propio nombre.

A mis padres, Rafael Antonio y Altagracia Iluminada.

A los integrantes del Taller Literario Letras Veganas por sus aportes en la crítica: Florencio Silia, Luis Lora, Miguel Ángel Lugo, Francisco Javier, Rafael Dionicio Concepción Quiroz, Francisco Alberto Silia, Verónica Guzmán y William Acevedo.

Al Dr. Bruno Rosario Candelier, presidente de la Academia Dominicana de la Lengua y del Movimiento Interiorista Ateneo Insular, por sus correcciones oportunas.

Al Lic. Hugo Estrella Guzmán por sus puntuales observaciones en el ensayo *El Masacre se pasa a pie*.

PRÓLOGO

Con una aguda conciencia social y una profunda sensibilidad, Ramón Danilo Cordero Rodríguez nos presenta una completa recopilación de sus obras en diversos géneros: poesía, cuento, relato y ensayos.

Oriundo de La Joya, San Francisco de Macorís, República Dominicana, el autor proyecta su amplia preparación académica y docente en su actividad literaria, la cual ha sido publicada en diversas revistas y antologías, siendo este su primer libro en solitario.

En la primera sección, «Monólogos», nos presenta una reflexión acerca de las figuras clave de nuestra sociedad. La Iglesia, el Estado, la mujer, Dios, la muerte e incluso el ego son conceptos que, en la pluma de Cordero, cobran vida como seres dotados de voluntad y responsabilidad.

Sin miedo a criticar cada esfera, el autor describe, en forma de versos, el bien y el mal que causa cada uno de estos personajes en el mundo actual.

Una estética contemplativa se refleja en la segunda sección de este libro, «Prosa poética», en sus obras cargadas de ruegos, dudas y embelesos.

La narrativa también está presente en esta compilación, inicialmente en la sección «Relatos breves», en la que el autor nos abre la puerta a experiencias reflexivas, salpicadas de sensaciones misteriosas, en ocasiones cautivadoras y excitantes y, en otras, claramente atemorizantes.

En la cuarta sección, «Cuentos», Cordero nos muestra su pasión por la madre naturaleza y todos sus componentes en *La Guerra de los elementales*. Y además nos presenta una exquisita adaptación del mito de Caín en *La incógnita del misterio*. También están presentes las amorosas palabras de admonición que dan los padres a los hijos ante la llegada de una nueva vida en *El espejo*.

Hacia el final de esta recopilación, el autor nos presenta cuatro ensayos, en la sección del mismo nombre. En ellos, muestra la firmeza de sus convicciones acerca de temas como la crianza de los hijos y el derecho a la vida desde su más tierno inicio.

Para culminar esta obra, el autor remata con dos exhaustivos ensayos. El primero de ellos trata sobre la poesía mística de la Antigua India, en el cual aborda a detalle los *Vedas*, los *Upanishads* y el *Bhagavad-Gitá*. Y el segundo es un análisis a profundidad de la obra *El Masacre se pasa a pie*, del autor dominicano Freddy Prestol Castillo, que detalla el contexto histórico, sociográfico, cultural, significativo, estructural y formal de esta novela. El ensayo de Cordero es una fuente valiosísima para entender el porqué del comportamiento de cierto sector de la sociedad de República Dominicana durante el funesto episodio conocido como «el degüello de los haitianos» durante la dictadura de Rafael Leónidas Trujillo.

Esta es una invitación a disfrutar de *Monólogos y otros escritos*, de Ramón Danilo Cordero, publicado a través de la Editorial Salto al reverso. Esta obra busca ser un aporte de valor para los lectores de habla hispana en cualquier país, en forma de una recopilación de reflexiones profundas y creaciones estéticas en forma de varios géneros literarios.

Carla Paola Reyes
Enero de 2021

MONÓLOGOS

SOY EL IMPERIO

Soy pulpo abrazador del Universo
e impulsor de miedos y terrores,
roedor impertinente y corruptor
de fuentes y génesis de muerte,
simulador de la paz y la piedad,
actor de prosperidad entre indigentes,
promotor de sueños a ingenuos
y pordioseros a tanta gente.
Soy Gehena sin gloria ni pena,
carcoma en madera preciosa,
como oso, ni feo ni hermoso.
Vientos huracanados o sifón
sin fronteras a cada paso y legua,
camino sin que nada me detenga.
Soy como la flor, difundo dulzura,
enajeno en mitos y fabulaciones,
y perenne aliado de las religiones.
Soy juez y parte en todas partes,
constructor y destructor de adalides.
¡Soy el Imperio!

DIOS

Soy Dios, mis voceros me presentan como omnisciente, omnipresente y omnipotente, creo a los seres humanos a mi propia imagen y semejanza, ignorando mi creación por los humanos a su imagen y semejanza. Por tal razón, se me presenta creando al hombre y después a la mujer de una costilla de este, dando instrucciones irracionales y sometiendo a la mujer a todos los caprichos del varón, surgiendo así la sociedad patriarcal.

Luego, protagonizo de árbitro entre Caín y Abel por asunto de adoración y ofrendas, aprobando a Abel y reprochando a Caín, estimulando el resentimiento y la maquinación perversa, dando al traste con el asesinato de Abel, para sentenciar a Caín a deambular bajo la sombra del miedo y el terror.

Me atribuyen ser un gran genocida, un atributo de la miseria salvaje de los humanos; en diversos pasajes de la Biblia, doy la orden de destruir regiones, pueblos y ciudades, una vez, con agua o el diluvio y otras veces, con la espada o flecha de una nación contra otra y, en ciertas ocasiones, usando un imperio contra naciones débiles e indefensas.

Me venden como la máxima expresión de la intolerancia, destruyendo comunidades plenas de mujeres, niños y ancianos por adorar dioses extraños, o tener costumbres diferentes a mis elegidos, o diferir en otros asuntos conmigo.

¡Cuánta miseria!

Soy presentado como cómplice de la discriminación étnica, en la Biblia, cuando Noé maldice a su hijo Cam y su descendencia para ser esclavo de sus hermanos, y en el Libro de Mormón, donde se pone en mi boca una maldición contra los hermanos de Nefi, dándole una piel oscura y repugnante que lo diferenciaba de sus hermanos de tez blanca y bella. ¡Oh, maldita discriminación étnica!

También aparezco como enemigo implacable de los nacionales egipcios, arruinando su economía agrícola, ganadera, sus aguas y los cimientos mismos de su poder en aras de favorecer a Israel, mi escogido. ¡Oh, ignorancia, grande es tu atrevimiento!

¡Oh, mujer, cuán cruel he sido contigo! Primero, haciéndote responsable de todas las desgracias de los seres humanos y convirtiéndote en la madre de los dolores y símbolo de la maldad, prohibiéndote hablar y enseñar en las asambleas y ordenando tu plena sumisión al varón. Todo esto no es más que el resultado de la corta visión o una intención malsana de los patriarcas, profetas y apóstoles de poner en mis labios lo jamás expresado por mí.

Nada se mueve sin mi voluntad; si tal declaración de principio fuera cierta, nadie sería responsable por sus actos, y las sentencias de los tribunales y las altas cortes sancionando a los culpables viene a ser el hazmerreír de todo ser inteligente.

Todo ser racional es responsable por sus hechos, excepto aquellos de neuronas disfuncionales, dando al traste a pensamientos irracionales y pérdida de la voluntad.

Los ricos y los pobres no siempre han estado en el planeta, pues los humanos todos vienen desnudos y dependientes; la diferencia entre los unos y los otros es la capacidad que muestra un segmento de la sociedad para despojar y explotar a los demás, haciendo posible la acumulación de bienes de los despojadores y compradores de la fuerza de trabajo, en aras del empobrecimiento de la gran mayoría de la sociedad o despojados y explotados.

En un principio, ese despojo y explotación fue posible por la violencia física; grupos humanos invadían los territorios de otros grupos, los sometían a la fuerza y los despojaban de sus terrenos, los esclavizaban y los atribuían a mi voluntad o a la voluntad de otros dioses.

¡Qué manera de evadir responsabilidad!

Actualmente, tal despojo y explotación se realiza con la complicidad de los dirigentes de los distintos estados, entiéndase los tres poderes, ejecutivo, legislativo y judicial.

Con tal complicidad se desarrollan las multinacionales y los burgueses nacionales; las multinacionales envían sus beneficios fuera del país, desangrando y reduciendo la posibilidad de desarrollo económico interno, dejando la nación como calavera.

Qué mundo más cruel, donde unos gozan destruyendo a sus semejantes y la globalidad de la madre naturaleza, mientras otros realizan grandes esfuerzos para justificar tales barbaries, lubricando teorías como la ley del más fuerte. La malicia, la irresponsabilidad, la ignorancia y la falta de sensibilidad y respeto por la dignidad humana son las razones que impulsan al ser humano a realizar todo tipo de barbarie y luego atribuírsela a los dioses, para hacer creer a los ingenuos lo contrario a la realidad latente. Tal situación continuará perennemente hasta que la gran masa de la sociedad universal logre razonar de manera lógica sin alienación por los grupos gobernantes y la jerarquía religiosa deje de trazar las pautas en el ámbito ideológico, educativo y científico. Cuando eso suceda, entonces los dioses descansaremos en paz y cada ser humano será él mismo y las instituciones políticas, religiosas y económicas serán más transparentes, y el estilo de vida de cada integrante de la comunidad será de bienestar pleno.

EL CLERO

Soy el Clero, de la mano al cielo,
consentido de los dioses,
concebido en el mito y las fábulas.
Me habla el buey o la vaca sagrada;
el perro toca las campanas;
las ranas y los piojos lo invaden todo.
Los reyes y burgueses me ceden trono,
como prostituta y mercader me vendo,
simulo honradez y honorabilidad;
lo sagrado, mi lema y mi cetro.
Cultivo la ignorancia en la gente,
hago del madero y del metal un dios
y del corazón noble y honrado, un vago,
y lleva conmigo los dioses y el rosario.
Soy experto en intriga entre los grandes,
apoyo la dictadura o la tiranía y la monarquía
con quien me vaya mejor en mi anarquía.
Soy intolerante y sectario e inventor de días,
evito el trabajo y honro la holgazanería,
y promuevo el vicio y la vileza, mi fortaleza.

SOY LA MUERTE

Soy la Muerte, mito de ausencia;
lo mágico religioso es mi génesis;
soy el terror de todas las culturas,
jamás he sido vista ni contemplada.
Me absorben las miradas del neonato,
me atribuyen ser la paga del pecado,
creen verme en todas partes.

Paranoia para unos, fantasma a otros,
solo obedezco a la Dialéctica de Heráclito
del perenne movimiento en el constante retorno.
Me encuentro en el interior de lo visible, o invisible,
arriba o abajo, en el escarabajo, o el caracol,
en la flor o en el despertar de los dioses celestes.
Estoy oculta en el objeto y el sujeto;
los surrealistas pretenden captarme
y los maestros de los símbolos, representarme.
Soy el anhelo de los existencialistas
y de los que huyen de la realidad,
ignorando mi huida junto a ellos.

Soy como los dioses, invento y recreación,
ya en el corazón o en el palpitar del ser.
Cuando los dioses emergen, ahí estoy,
y al amanecer de un día ya no son,
y lo sabe Cronos quien se extingue
y resurge en los amaneceres.
Solo soy un proceso dialéctico.

LA PROSTITUTA

Soy la prostituta o mercader de placer;
la familia disfuncional es mi origen,
inducida por la mente cavernaria
o por la celestina o vecina.
La ignorancia es mi norte
y el dinero, mi consuelo,
a veces dulzura tiene el día
y gran pesar el ocaso del sol.
Sin amor me atrapa la noche,
y dolor y tristeza me azotan;
cuántas cosas me pasan,
hay quienes me raptan
y si no cedo me matan.
Me venden y me compran.
¡Oh, autoridades de vistas gordas,
cómo se alimentan de mi desgracia!
¡Qué maldición llevo conmigo!
Hasta mis amigos me hacen coca.
Prefiero ser conejilla o mariposa
o volver a retomar mi dignidad.

MUJER

Soy mujer y surjo en el mito,
ahora, realidad viviente,
ayer, en el Edén o la fuente,
entre árboles y serpientes,
indagadora y conversadora,
arruinadora de ignorancia,
acusada por el hombre
y arrojada por los dioses,
difamada por patriarcas y profetas.
Sometida por el macho cabrío,
desde la caverna hasta el sol de la civilización.
Soy madre de los dioses, héroes y menesterosos,
para los difamadores y calumniadores
responsable de la miseria humana,
por los ingratos, soy vejada y maltratada,
para los benditos, soy diosa, princesa y reina.
Soy la causa de los dioses y héroes,
reyes, gobernantes y cada ente,
soy el despertar de cada ser.
¡Orgullo y dignidad, soy mujer!

EL OCÉANO

Soy el Océano donde reina la vida y la muerte;
mis entrañas padecen dolores y angustias;
mi cima contempla el trinar de las aves
y las caricias de los vientos o el recitar de las aguas.
Lloran mis abismos preñados de residuos
y toneladas de plásticos en mi lecho dormitan;
corre la vida perseguida por la muerte
en el ir y venir de titánicas embarcaciones;
lastres interminables contaminan mis aguas
y vidas se extinguen por millares.
Pruebas y experimentos no se detienen
y explosiones estallan por montones;
laten, crujen y cesan los corazones.

DON EGO

Don Ego, junto al jardín germina su pensamiento: «¡Qué hermosas son las flores! Por mí reposan como vacada; gracias a mi genio surge el perfumista; cual dios transforma el clavel.

»¿Quién como yo hace posible la dulzura de la miel? Mi delicadeza enloquece la belleza de la dama y como rama de olivo engalana.

»Corre la liebre, ¡cómo me imita!

»El águila y los demás dioses siguen mis giros.

»La risa loca desplaza el tren; yo soy su propulsor.

»Emiten las colinas y las montañas mis carcajadas y por sus faldas murmuran los riachuelos y en sus cimas cabalgan las nieblas y las nubes deslizan mis perlas.

»Miro las magnas obras e ilimitadas transformaciones, yo, como abeja reina detrás del trono».

Despierta Don Ego de su megalomanía y observa en toda dirección, extiende sus brazos y lleva sus manos al motor de sus emociones y se dice: «Este soy yo».

PROSA POÉTICA

PLEGARIA

¡Oh, universo de los universos!, líbrame del aroma primaveral, que al caminar confunde y el entendimiento entume, de la mirada maliciosa, de las palabras blandas de la mal llamada mariposa.

De la angustia reposada y la tristeza moldeada, así como de la Cabra Montés; de la mala hora que acecha al ingenuo caminante y del botón de rosa seductor con caminar de Gacela.

De la llama ardiente de un alma lacerada, del silencio de los que duermen en la fría losa; de las lágrimas de la viuda, del huérfano y del desamparado como del maltratado de esta oleada maldita, de la infernal hoguera o de la ciega guerra de la generación perversa.

Del demagogo y el maleficio hipocrático, sin pasar por alto el profesional bimoral.

¡Ah!, del padre incumplidor y de la descendencia ingrata, de la sangre sin razón y del corazón de mármol, así como de los adversarios de Cervantes, Nebrija y Amado Nervo. De la hipocresía del malicioso, de la indigencia y pobreza extrema, del explotador y la sombra imperial, líbrame, ¡oh, universo de los universos!

EXTRAÑO

Algo extraño escucho en la penumbra de la noche, ¿será el lloro de las preñadas nubes o la caída de las perlas sobre el manto de la límpida inocencia? ¿O el lenguaje de la inefable imagen, o el proyecto interminable del respiro del planeta?, quizás es el murmullo inédito al oído de la nada esparciendo el grito de la muda sombra, o el hálito genético de los pétalos erguidos como águila en vuelo; ahora entiendo, el nítido y sonoro canto de tu melodiosa voz, despertándome del letargo para unirme a la aurora de lo infinito y perenne.

¿HE DE NEGARTE?

¿He de negarte, Universo de los universos?

Jamás he de negar el néctar barnizador de mi ser ni la fragancia enloquecedora de mis sentidos.

¡Cómo he de negarte!, si en el palpitar de los caminos y en el cantar de la arboleda oigo tu recitar, y, en el infante, tu circular devenir y, en el anciano, tu eterno retorno.

Pasos y sombras perennemente me conducen; cambio sin límites es tu esencia y eterno regreso, la sinfónica universal; he de caminar en penumbra hasta la vuelta de la Luz de las luces.

¿Lo he de negar?

IRONÍA DE LA VIDA

Golpeada está mi alma y herido dormita mi ser al ver correr al inocente como oveja perseguida por lobos.

Las cárceles repletas de metal precioso, que saldrán como vasijas despojadas de toda virtud, y los verdaderos reos dirigiendo el mundo.

¡Ironía de la vida!

¡Oh, justicia! ¿Dónde estás? ¿Duermes?

¿Y tú, equidad? ¿Cuándo asomarás a la ventana?

¿El amor habrá sido aniquilado?

Con razón, el ser humano se ve como pieza abandonada en los escombros de un basurero y los que dicen ser seres humanos caminan como robots metálicos dirigidos por ciegas fuerzas que dicen controlar el mundo.

RELATOS BREVES

A LA LUZ DE MIS OJOS

Era un día de invierno del 2019; transitaba la carretera que conduce de Constanza a Jarabacoa. A unos 500 metros antes de finalizar de cruzar el distrito municipal de Tireo, hay una pequeña plaza comercial en la segunda curva del inicio de la subida, justamente a la izquierda, como a cincuenta metros antes de llegar al cementerio de dicho municipio.

Y, frente al cementerio, iba una joven de más o menos treinta años, vestida de blanco, con una piel bronceada dando la impresión de haber sido acariciada por el tirano del Caribe, quien estaba extasiado en un cielo limpísimo, dando la señal del almuerzo, mientras la dama caminaba a prisa como quien tiene meta de llegar algún lugar.

Al pasar por su lado, opté por detenerme y ofertarle encaminarla, y me paré a unos diez metros de distancia. La esperé, la saludé y le oferté encaminarla. Me preguntó:

—¿Para dónde va?

—Voy a La Vega por Jarabacoa —le respondí.

Ella reaccionó y expresó:

—Yo voy al Abanico.

—Puedo dejarla en el Río y de ahí está más cerca.

Pero ella no aceptó. Proseguí mi trayecto y, a unos cuantos metros, miré por el espejo y me percaté de su ausencia y me pregunté: «¿Estoy alucinando, o la parte ciega de mi visión no permite ver la realidad?».

Mi piel se erizó al rememorar los mitos, leyendas, fabulaciones y cuentos de mis antepasados; pero aún me queda la duda de si fui víctima de mi propio cerebro, o si realmente vi, hablé, escuché y contemplé a la luz de mis ojos aquella silueta caminar, mirarme y hablarme, para luego esfumarse como el humo emitido por el fuego atrapado por el lloviznar de un día invernal a espera de la primavera.

BAJO LA SOMBRA

Pensaba bajo la sombra de aquel asombroso árbol, germinaba mi mente; extendía sus ramas y hablaba a mi alma.

Dejaba correr mis suspiros en el mirar del verdor de las hojas, acariciaban mi pelo en silencio las manos de la fresca brisa; daba risa la sensación de su mirar, como si susurrara a los oídos de mis poros.

Olores invadieron mis amores en el vergel de la primavera; ahora siento como si me fuera a nuevas dimensiones y escuchara palabras de señores; en el pensar, mirar, oler y sentir, creí viajar sin retorno.

Y en vez de estar sentado en las piernas de la primavera, me encontraba abrasado por el deslumbrante verano.

LA CAMPANA

Suena la campana, despierta la ciudad; oigo el lloro del bebé y el cantar de las aves, el caminar del obrero.

El carretillero sigue el sendero, ahora asoma el sol cual León de la virgen selva, corre la Cebra y detrás el Tigre; se impone la ley. Marcha la fortaleza, en el oriente; la Fe, en el púlpito, el Cura o Pastor; brota el verbo y llegan los recuerdos; miro el Cuervo volar entre la multitud.

—¡Oh, Jesús! —expresa el predicador—. Hemos perdido la fe, el amor y la piedad; vayan en paz.

Sale la feligresía, ¡oh, madre mía! Se cruzan las miradas, sonríe la población y cada uno a su labor.

LA OBSESIÓN DE GRIJALBO

Un día de primavera, el cazador Grijalbo se programó para eliminar a los ruiseñores del planeta, pues su bello cantar le molestaba; no sabía por qué, pero le fastidiaba escucharlo y optó salir a buscar cada hermosa avecilla con aquella melodía en su pico.

Cuando encontró el primero, le disparó y este siguió su canto al infinito; un nuevo intento fue fallido y escuchó una voz estruendosa decir:

—¿Por qué deseas matar a quien nada tiene pendiente contigo?

—Quizás por cariño —respondió.

Pero tal interrogante no detuvo su plan; prosiguió escuchando esa melodía al amanecer de cada día y sus adversos sentimientos se incrementaban como montaña insalvable. Y pensó y dijo para sí: «Estas malditas avecillas las voy a vencer, no importa el precio a pagar».

Marchó con su fusil a manos; en esa búsqueda encontró un anciano en estado de meditación, con cara en dirección al oriente, ojos cerrados y su estructura corporal en la posición de la flor de loto y en total estado de relajación, pero atrapado por una aureola de luz como sol de mediodía. El cazador de ruiseñores se detuvo ante aquella iluminaria y, contemplándola, le pareció ver su vida de manera panorámica desde el momento de su concepción y su desarrollo embrionario, su nacimiento, así como sus diversas fases del desarrollo; vio a sus progenitores envueltos en las bajas pasiones mientras su madre consumía sustancias extrañas que arruinaban la vida de Grijalbo, ante lo cual expresó total rechazo.

E interiorizó y se encontró frente a frente a la imagen del ruiseñor y escuchó su canto, y su aura vino a ser su vestidura. Entonces se encontró ser luna del solsticio de verano, miró sus manos iluminadas y resplandecientes y frente a la fuente jamás vista descubrió su imagen de cazador y rememoró aquella voz:

—¿Por qué deseas matar a quien nada tiene pendiente contigo?

Volvió su mirada al anciano, quien abría sus ojos, y con una dilatada mirada hizo partícipe al cazador del universo de su discurso y ambos, como ríos confluyentes, armaron cofradías y dedicaron todos los amaneceres al recitar de los ruiseñores.

LO INEXPLICABLE

Juanito sale trotando de la casa de sus progenitores, al finalizar la visita de cada tarde a la puesta del Rey de la luz en el horizonte, al percatarse de que el manto silencioso de la noche se adueñaba de aquel universo.

Caminando y acelerando los pasos, se adentraba a la espesura de aquella finca camino a su hogar. Cruzando cañadas y riachuelos cubiertos de la diversidad de la arboleda; un movimiento anómalo de una mata de cacao como si un viento fuerte la moviera lo detiene, piensa que se trata de una broma de su primo.

—Miguel —dice—, dejas el relajo.

Pero no recibe respuesta.

Y, en seguida, otro movimiento brusco se repite en otra mata. Entonces, Juanito intenta correr, pero las piernas no responden y cae; logra levantarse y proseguir su camino y comienza a sentir la sensación de pasos detrás pisándole los talones y, como si fuera llevado sobre zancos y en tal condición, llega a la casa de Pancho, primo de su padre, quien estaba rezando el Santo Rosario en familia. Opta por acomodarse en una silla de guano y se mantiene en absoluto silencio, con rostro pálido como el palmito recién cortado y con un semblante de terror, chocando las rodillas y los dientes.

Pancho, Lala y el nieto lo observan mientras repiten los padrenuestros y las avemarías, así como las letanías. Finalizado el Rosario, los integrantes de la familia conversan, pero Juanito se mantiene en silencio, pálido y tembloroso. Al momento de acostarse, Pancho dice:

—Es hora de dormir, Juanito.

Él se mueve sin haber recuperado su verdadero semblante y dice:

—Tío Pancho, si usted no me lleva a casa, yo no me voy.

Pancho reacciona y pregunta:

—¿Qué pasa contigo, muchacho?

Juanito procedió a contar la odisea desde la salida de la casa de sus padres hasta llegar a la casa de su tío y, mientras narraba la peripecia, una mata de cacao del frente de la casa fue movida desde sus cimientos. En eso, salió Pancho al patio y expresó:

—Carajo, que me salga a mí.

Aquella mata siguió moviéndose cada día en el mismo horario con gran intensidad hasta ser atrapada por el silencio infinito.

UN DÍA COMO HOY

Un día como hoy, fue mi sepultura. Desde la ultratumba vislumbro mi retorno como retoño del árbol viejo, plasmado en la imagen de los antepasados y reflejo el proyecto de lo eterno.

Ahora, juntos, el árbol y yo iniciamos el viaje del retorno sin fin y, como uno, vemos el porvenir de los idos, para llegar a ser junto a ellos esencia pretérita, aroma ahora y néctar de la proximidad y, como triada, atar el Universo y danzar con él, en la festividad de los finados, y juntos: el árbol, el Universo y yo caminemos la senda de los dioses ausentes y en el nuevo día como ayer levantarnos y andar con las chispas de la eterna hoguera.

PEDAZO DE DIAMANTE

Las 9:15 marcaba el aniquilador del tiempo, y veía correr una multitud enardecida; el sol alumbraba como un indubitable testigo de lo que allí ocurría. ¿Detrás de quién corrían?, ¿de un delincuente?, ¿o de un indefenso e inocente ciudadano del mundo que deambula movido por el viento de la hambruna y se desplaza como las olas embravecidas del océano?

Así era, perseguían y asediaban a un trozo de diamante abandonado por el destino aciago en aras de encontrar las manos del escultor apropiado.

Corría, corría y corría aquel pedazo de la noche, y al preguntar:

—¿Por qué se perturba la tranquilidad de esa humilde criatura, que solo busca donde reposar su cabeza?

Desde las entrañas de aquel mar de gente alguien dijo:

—¡No tiene papeles!

¡Oh, dignidad de la imagen y semejanza de lo eterno! ¿Hasta cuándo la vileza llevará el cetro de la nobleza?

Entonces evoqué el mundo de los antepasados y sentí la impotencia adueñarse de mí; vi pasar los siglos y, como una oscura noche donde las estrellas niegan dar sus destellos, vi la humanidad empobrecida pese a todos sus gigantes avances, y entonces pregunté a mi otro yo:

—¿Quién le ha dado a estos este mundo para ser sus amos?, ¿y quién ha despojado a aquel desheredado del infortunio?

¡Perverso imperio!

Siempre divide, jamás une y, como cuervo en espacio sin límites, gritó a los cuatro vientos y se esfumó como la oscuridad al asomar el alba...

LA PAREJA DEL EDÉN

Al despertar el ser que dormitaba en la carátula del hombre, descubrió que estaba acompañado; pues, en una estrategia de los dioses, estos habían accedido en él y el hombre no pudo mantenerse en pie. Luego miró en su entorno, como si sospechara que ojos lo vigilaban; al solo ver a la inmaculada, inspiró profundo y se preguntó: «¿Qué es esto?». La mujer, interpretando aquel suspiro, le dijo:

—¡Adán, no me conoces!

Al oír esa voz como sinfonía entre bosques, dijo:

—Eres carne de mi carne y huesos de mis huesos; te llamaré varona porque del varón fuiste tomada.

Entonces ella acercándosele le dijo:

—Yo soy Eva.

Adán quedó atónito y maravillado como si un rayo mágico lo hubiera hipnotizado; se dirigió a la dama y a una distancia prudente se quedó mirándola como la lluvia al caer en terreno desértico y, cabizbajo, vio sus pies y luego se miró los suyos y descubrió la diferencia en delicadeza. Siguió su viaje hacia el norte y, viendo las piernas como columnas del Olimpo, volvió retrospectivamente y, al verse, distinguió en ella el resplandor de los soles; sus dos muslos le parecieron montes embellecidos por el tiempo sin fin. Al llegar a la ladera de los iluminados, lo interpretó como el Oasis del universo. Al observar el monte de Venus, quiso recostarse bajo su sombra y anheló el sueño sin retorno.

Mientras todo esto ocurría, Adán sentía que su tabernáculo era violado por miradas misteriosas que parecían desplazarse de los cuatro puntos cardinales; eso estimuló la continuación de la mirada minuciosa de aquel universo y ahora estaba mirando el gran valle, solo limitado por el sur el monte de Venus, al norte por dos colinas, al este y al oeste un colgante flagelado y en el centro de aquel valle, el sol de los soles con espectro de luz a todas las direcciones. Y Adán, ante la majestad imponente de aquel valle, quedó anonadado como si estuviera petrificado; y Eva, al ver aquella realidad momificada, se le acercó y en una ceremonia indescriptible y, con sus labios encendidos en llamas, tocó la frente de su amado. Adán entró en éxtasis y perdió la inocencia, y, envuelto entre colinas y el suspiro del encanto, se fundieron en uno y el silencio se impuso para comprimir el tiempo y dilatar el murmullo de las aguas y el cantar de las aves en la arboleda de un día despejado y un espacio tan vasto como el universo.

EL PROCESO DE LA VIDA

Preordenado fui con tus manos, colocado en aquel claustro sumergido; nadé como corriente subterránea y tomé en su trayecto tabernáculo como piedra milenaria embarnizada por el tiempo y afloré en la ventana donde espacio sin fin me acogió y manos secretas me guiaron.

Mirada erguida recorrió el horizonte y entonces oí aquella melodía guía de los elementos del universo y monologué: «Ahora sé: estoy presente en un mundo de olas moribundas donde se siente la humanidad doliente». Y la oí clamar al infinito como la pantera herida, mientras la opulencia descansaba y dormitaba bajo la conciencia del blanco mármol.

Pensé: «¿Cuál será el fin de estos y de aquellos?». Y, como quien duerme, la infancia me despertó y esta gritaba, clamaba y bostezaba como a quien lo abandonan en un sarcófago.

Vi la adolescencia en mi entorno y oí los vecinos quejarse, olor a descuido llenó el ambiente y modas, tatuajes, jergas extrañas eran su imagen, por lo que nombré al pasado miseria, al presente, destrucción y al futuro, ausencia. Finalmente, miré la adultez pasearse indiferente como lobo satisfecho y al anciano como árbol caído con las manos vacías, en anhelo de la nada.

CUENTOS

LA INCÓGNITA DEL MISTERIO

En el lecho reposaban nuestros padres; el sol estaba en el cenit, cuando la sombra de la cabeza puede ser tocada con los pies; conversaban, planeaban y de vez en cuando jugueteaban. En ese juego se encontraron uno frente al otro y los ojos penetrantes de su compañero descubrieron en los labios de ella la miel como el néctar que destila la flor; abrazos se hicieron sentir y ambos en éxtasis caminaron en cuerpo celeste, viéndose uno. Nuestra madre rememoró la escena del Edén ante la serpiente y él sintió como fuego penetrante que tocaba sus poros y ella descubrió estar en brazos extraños, experimentando la concepción, entonces él, fundido en el fuego, vio su alma lacerada; confundido, jamás descubrió el secreto del quehacer cotidiano.

Pasado el tiempo, asomó en la alborada de un día una peluda criatura, con cabeza despeinada; ojos semicerrados, pero como si quisieran brotar y salir de sus cuencas; frente pronunciada; labios deformados, como el capullo azotado por el viento; su cuello similar al de una jirafa; sus pies y manos en forma de sapo en posición a dar el salto; y su vientre y espalda como la iguana en desplazamiento.

Su madre, asombrada, llamó a su esposo; quien se detuvo anonadado y expresó: «¡Oh, Eterno, qué mundo más extraño!», y lágrimas nublaron sus ojos. Ella, mirando a la criatura, la escudriñó evaluativamente recordando en forma panorámica la acaecida escena del jardín y le pareció ver la mano del maligno en todo esto. Aquella criatura siguió desarrollándose e inició el proceso de imitación en la escuela de su entorno.

Un día, su progenitora le oyó imitar el cacareo de la gallina y luego el ladrido del perro, entonces inició a enseñarle la lengua materna.

A veces jugaba, conversaba a solas al margen de sus hermanos; ella sospechaba, aun viéndole conversar y jugar solo; no era cierto; optó por seguir tras sus huellas como lobo en la persecución de un reptil.

Un día, el sol radiante asomaba en el oriente como caballo galopante; oyó los pasos de alguien sin ser los de su compañero ni los de sus hijos y sintió experimentar en su cuerpo el vuelo del erizo; y un murmullo entre los árboles se oyó en dirección a donde reposaba la extraña criatura. Aquel murmullo era una conversación amena entre la insólita criatura y alguien que no lograba ver, pero sí oír y sentir, como la sensación de algo que golpeaba la intimidad de su alma, y decidió tocar a su consorte. Él abrió sus ojos como el capullo frente a la luz, y en eso vio caer algo inexplicable a la exótica criatura.

Entonces el patriarca gritó: «¡Caín!»; su acompañante flor nunca supo a qué se refirió, pero de ahí en adelante Caín vino a ser onomástica criatura, que en el correr del tiempo fue convirtiéndose en la incógnita de la familia; de vez en cuando se esfumaba del ambiente y su padre trataba de establecer un diálogo, lo cual él evadía.

En una oportunidad, se reunieron como la tríada perfecta: padre, madre y la piedra de la preocupación, y allí en aquel espacio de silencio solo roto por el suave silbido de la fresca brisa, el recitar de las doncellas, quienes adornaban junto al trino de los pájaros y el devenir de las aguas a la madre naturaleza.

El *pater familias* interrumpió esa reinante armonía y preguntó:

—Hijo mío, ¿qué está pasando? —Pregunta detonadora del silencio cual relámpago ante la oscuridad.

El joven procedió a mirar por vez primera el rostro de su progenitor y descubrió que sus ojos eran penetrantes y temibles, pues le miraba como quien observa un cuerpo con el fin de escudriñar su interior, luego respondió:

—No pasa nada, excepto lo que tú sabes. —Y vio a su madre como quien acusa y culpa.

Ella, frente aquella mirada, sintió y recordó, y vio pasar la escena del Edén a la velocidad del rayo; y por las mejillas del titán de la familia se desplazaban como perlas copiosas lágrimas al ver en sus pupilas la imagen del maligno. Levantándose, procedió a edificar un altar, dejando a su ayuda idónea en secreta conversación con la pesadilla de su vida. ¿Qué hablaron? Ni aún el legendario patriarca lo sospechó, pero de ahí en adelante inicia la guerra de los titanes.

Nuestra madre se pone en pie y dirige su mirada a distintas direcciones, y a la distancia de un tiro de arco ve a su complemento, hacia donde asoma el sol. Dirige sus pasos lentos pero firmes cual felino en acecho de su presa y el joven queda cabizbajo; pero con sus labios en movimiento como si evocara a alguna entidad de los suburbios espirituales, mientras el patriarca erigía su altar y se preparaba para invocar al Eterno.

La flor de loto llega, tócale la espalda con su delicada mano e impregna en su compañero la sensación de un toque divino. Él gira a la derecha y se encuentra con aquella beldad frente a frente, mira sus ojos seductores, observa los labios como pétalos abriéndose a la luz y toda aquella estructura como paisaje absorbente; entonces determina sacrificarse a sí mismo en aquel esmerado altar.

Las nubes dieron paso al éxtasis ante un cielo despejado que danzaba al son del recitar de las aves, el regocijo de la arboleda, el salto del rumiante; el murmullo de las aguas y las montañas se deleitaban.

El sol vigilaba detrás de la colina y la pareja, como muerta, soñaba ver a su engendro levantado por los cabellos llevado como veleta a toda dirección. Luego, se oyó un alarido lastimero como el perro cuando percibe la muerte, la tierra se llenó de espanto, las estrellas asomaron enlutadas y la luna lloraba en su ocaso; a lo lejos se oyó el bramido del mar y vientos huracanados azotaron el ambiente, la tierra angustiada y resentida se ahogaba en el llanto y sus cimientos se dislocaron y los abismos se dieron cita y en los elementos se oyeron tocar las campanas como si fuese a iniciar el rito de los caídos.

Por otro lado, se oyeron trompetas y clarines, como el toque que invita a la batalla. Mientras todo esto ocurría, nuestros ancestros oficiaban una ceremonia inexplicable, y esta pareció influir en que aquella fuerza invisible abriera sus tentáculos y dejara libre su prole; y un solo grito se dejó sentir en el ambiente mientras la criatura se precipitaba a los abismos, y en ese estado de angustia despertaron juntos a sus demás descendientes que les aguardaban.

El panorama estaba tétrico, los jóvenes se veían inquietos y aquel ya joven también a lo lejos se observaba como un montículo de piedras maltratadas por el devenir del tiempo. Este se paró y tomó dirección al oriente y, sentado junto a sus hermanos, habló al oído a su hermana, esbelta, hermosa, de pelo lacio color castaño claro y tez bronceada, rostro imponente, labios como la flor de lis, cuello delicado, ojos deslumbrantes como luceros que invitan y un cuerpo diseñado a la manera de la guitarra, pero vestida a lo natural. ¿Qué le expresó la incógnita de la familia? Solo ella lo sabe; sin embargo, de ahí en adelante su comportamiento fue distinto, al parecer las notas musitadas por su hermano abrieron las ventanas del romance dando paso a los híbridos en la especie humana y desde aquel día se distanciaron de sus progenitores, pero la incógnita del misterio sigue aún en pie como piloto perdido en el horizonte.

LA GUERRA DE LOS ELEMENTALES

Había un río milenario que corría plácidamente entre montañas y bosques, bañando valles y llenando de frescura a los transeúntes.

Familias interactuaban y compartían sus sonrisas y jóvenes agotaban citas románticas bajo las sombras, mientras el río disfrutaba aquel derroche de alegría, dormitaba, dormía y despertaba; pero jamás solitario, pues aún en la tercera vigilia de la noche se desplazaba alguien; ya fuese un cangrejo, o un mamífero rumiaba y las aguas corrían con voces coreadas, o con murmullo de secreto marital.

En una de las tantas vigilias que conversaban con el viejo milenario, este cayó en un letargo profundo y comenzó a ver, como a quien le pasan un vídeo, a diversos leñadores merodeando por sus alrededores con machetes, hachas, colines, entre otros y, junto a estos, una pléyade de cortadores de madera que procedieron a derribar árboles y arbustos en su entorno; el sol penetraba con sus rayos directos al inmenso caudal del río, y este buscaba sombras, pero no las hallaba, sus aguas se calentaban y se evaporaban y las lluvias escaseaban, y aquel río lloraba mientras veía sus peces morir, sus cangrejos correr, sus orillas languidecer.

En tal angustia despertó y descubrió que era solo una pesadilla, todo seguía como antes, plácido, tranquilo; pero la preocupación se apoderó de él y pensó en todos aquellos ríos y riachuelos, arroyos y cañadas que enviaban sus aguas al mar vía él, por lo que decidió invitar a los habitantes que se guarecían en su seno y les contó la revelación que había tenido y de cómo los había visto dispersos a cada uno de ellos. Tal relato llenó de pavor a los cangrejos, peces y demás, ya que entendieron que tal desgracia no solo podía marcar la extinción del río, sino el fin de cada uno de ellos y la ruina de las tierras agrícolas que se beneficiaban de sus aguas, de los seres humanos que se sustentaban de la agricultura, de la ganadería y del mercado que se surtía de tales productos, y de los pueblos que consumían el agua que llegaba por tubería, entre otros. Ante tal estupor, el río determinó enviar comisiones a los diferentes afluentes que nutren con sus plácidas aguas, para que se percataran de qué estaba sucediendo en los alrededores de cada uno de ellos. Cada comisión partió e hizo su trabajo, y pasado el tiempo regresaron, y este fue su informe: La comisión de cangrejos dijo:

—Nos desplazamos por cañada prieta y todo parecía tranquilo, silencioso, pero en las proximidades de la montaña de donde nacen varios ríos y riachuelos que envían sus aguas aquí, escuchamos árboles cayendo y gritos de almas saliendo y alaridos de perros como quien anuncia la desgracia.

Durante el informe de estos, los espectadores iban viendo cada episodio en su imaginación.

Luego, la comisión de peces procedió a dar su informe:

—Nosotros nos trasladamos al arroyo de la dormidera y nos entrevistamos con los principales representantes de la zona y nos informaron que allí se está llevando pesca indiscriminada, pues cuando echan sus atarrayas, sacan peces de todos tipos y los muy pequeños en vez de retornarlos al agua, los dejan fuera para que mueran, por lo que esta especie se va extinguiendo como la luz del sol en su ocaso.

Los demás que escuchaban este informe se veían en el lugar de los hechos como si ellos mismos estuvieran en acción.

Luego, la comisión serpentina informó:

—Nosotros subimos por los afluentes del sur, donde observamos la presencia de personas quemando madera para carbón y proseguimos hacia la cabecera de donde nacen la mayoría de los ríos de la zona y descubrimos talas de árboles; allí las sombras son parte del pasado y los rayos del sol llegan de manera vertical y los arbustos se ven tristes, lánguidos como quien muere sin esperanza de retorno.

Mientras las comisiones de cangrejos, peces y serpentina daban su reporte, el río dilataba su imaginación y se remontaba a los tiempos de mocedad cuando las luces de los rayos solares penetraban a su seno aprovechando el descuido de las ramas de la arboleda durante el jugueteo diurno. Y los comisionados que oían cada reporte se iban deprimiendo y viéndose como quien lucha contra las ramas ardientes de sus propias almas. Pero aún quedaban informes pendientes que podrían arrojar rayos de esperanza.

La comisión de cocodrilos dijo:

—Nos trasladamos a la desembocadura y nos percatamos de la presencia de embarcaciones y hombres depositando maderas dentro de las mismas, sentimos las aguas a temperatura muy elevada y escuchamos ruidos de corte y caída de árboles.

Mientras hablaba esta comisión, el corazón de los oyentes aceleraba su palpitación cual tren en marcha.

Los demás equipos expresaron sus percepciones de cómo vieron árboles quebrajarse, aves alborotadas, insectos sin rumbos y la naturaleza en pleno como primeriza con dolores de parto; dijeron haber escuchado los pasos como ejército en retiro y sintieron el bramido de la tierra bajo sus pies como la viuda que pierde su postrer vástago.

Dados y escuchados todos los reportes, el río procedió a convocar a todos los animales, que día a día hacían citas para mitigar su sed. Una vez presentes, el viejo milenario en agonía les dijo:

—Hoy, los he invitado como el patriarca invita a sus hijos en la postrimería de sus días para depositar sus bendiciones y expresar su última voluntad. Los misterios me han sido revelados, los cuales han sido confirmados por las diversas comisiones que se desplazaron en distintas direcciones y los informes revelan que estamos condenados a muerte.

—¡Quéé...! —dijeron todos los presentes, y el desesperado anciano continuó—. Como ustedes saben, sin árboles no hay lluvias y en ausencia de agua no hay vida.

Mientras el río hablaba en estos términos, las aves allí presentes rememoraban las veces que vieron destruidos sus nidos y sus pichones agonizando por la muerte de los árboles en distintos lugares del planeta, y sus rostros reflejaban la suma de las tristezas conjugadas por las generaciones.

Los mamíferos y cuadrúpedos volaban en su imaginación y se veían morir por el calor, la sed y el hambre; los anfibios contemplaban el panorama; los insectos dislocados corrían de forma disfuncional y en unanimidad lloraron y sus gritos se oyeron en el cielo. Y la jerarquía de los elementos hizo presencia sin ser convocada e indagaron en el lugar de los hechos:

—Hemos oído vuestros gritos y sentimos vuestras tristezas y angustias; pero ¿por qué está la colectividad conmovida? —dijo el elemental de las aguas. A lo que el río, como vocero oficial, respondió:

—La angustia nos abate como el viento a la flor en vista de los acontecimientos que han estado ocurriendo en los alrededores de nuestro hábitat. Los elementales enemigos de la naturaleza derriban árboles en la cabecera de los ríos y en sus orillas, dejan a la intemperie incontables vidas y las aguas se esfuman como el pensamiento que vuela cual ave y solo quedan bajo el amparo de la sábana ardiente del sol; los alimentos escasean y las vidas se extinguen.

Mientras el milenario anciano expresaba el sentir de todos, cada especie se veía en el vacío y viajaba en el tiempo, y comparaba para sí y se veía junto a la dama del silencio; no así, las aguas corrían consumidas entre el desértico arenal arrastrado por el viento.

Una vez el río concluyó, el elemental de las aguas, con ojos tristes y rostro trasparente como el cristal, dijo:

—Es entendible vuestro pesar, pero yo velaré porque las aguas no falten, pero solo caerán verticalmente sobre la tierra y arrastrarán la capa vegetal de esta, la productividad será cada vez inferior, los filtros purificadores no serán y esta contaminará sin límites.

Luego, el elemental de la vegetación, con rostro como la clorofila de primavera, intervino diciendo:

—En lo que a mí corresponde, velaré para que, por cada árbol derribado por los elementales enemigos de la naturaleza, sea posible el retorno de tres árboles; para que, mientras el sol expande sus rayos, estos se distraigan en el coqueteo y danzas de las copas de los árboles y sus ramas, y así no dañen.

Por su lado, el elemental del viento, con su cuerpo alado, dijo:

—Yo me encargaré que el viento solo acaricie y refresque vuestro ambiente, pero donde encuentre espacio libre su aceleración será proporcional a la caída libre de los cuerpos, solo hasta destruir y arrastrar todo por su trayecto, siendo superado por la velocidad de la luz y el sonido.

Ante tales exposiciones, cada espectador se veía en la escena subiendo y bajando por los árboles y arbustos, corriendo del agua torrencial o nadando en ella, disfrutando las caricias del viento y a veces ocultándose de este. Mientras, cada elemental exteriorizaba su plan, siendo el elemental del fuego el último en decir:

—Yo me encargaré de que el fuego ardiente escale en la conciencia de los elementales adversarios de la naturaleza, para crear en ellos el remordimiento, sentimientos de culpa para que cambien de dirección hasta reencontrarse con ellos mismos y en su entorno; entonces todo reinará en armonía.

Así, los elementales en pro del bienestar de la naturaleza devolvieron la paz, la tranquilidad y el sosiego del milenario río y sus aliados.

Mientras, cada uno desde su perspectiva veía el planeta con sus ríos correr, árboles y arbustos crecer y un desplazamiento interminable en un espacio en expansión.

EL ESPEJO

Antipas y Juana forman una familia, casados en el orden sociocultural, y proceden de padres nobles y humildes que, como el espejo, no ocultaban nada excepto aquello que llevaban consigo sus propias almas y que solo el espíritu sabe.

Antipas y Juana eran una familia joven, pero organizada, responsable y respetuosa; ya Juana esperaba su primogénito y Antipas velaba por ella día y noche, y decía como dice papá Remigio: «El que tiene un hijo, tiene un tesoro y debe cuidarlo como la niña de sus ojos».

Don Remigio es el padre de Antipas. Cuando llegó el momento del parto, Antipas le dijo a la médica:

—Yo quiero estar en la sala de parto, pues quiero ver a mi hijo nacer y deseo apoyar a Juana como siempre. —Por lo que la doctora Doña Ercilia los felicitó a ambos.

Mientras todo esto ocurría, Antipas le decía a Juana en el lecho:

—Mi amor, no te preocupes, que todo va a salir bien. Todo está de nuestra parte y somos uno.

—Gracias, mi amor —dijo Juana ante tales palabras de consuelo y fortaleza, entre una mueca y el suspiro.

—Ya lo que tenía que pasar pasó —dijo la doctora Ercilia, presentando a aquel hermoso niño a sus progenitores, a lo que Juana dijo:

—Es igualito a ti. —Por lo que le dieron por nombre Antipas Junior, que significa el retrato de su padre.

Juana y el niño fueron puestos en su habitación bajo el cuidado de doña Juana, la suegra de Antipas y abuela de Antipas Junior, y ella le dijo a su yerno:

—Te felicito porque de ahora en adelante sabrás lo que significa ser hombre, pues hasta este día tu responsabilidad había sido Juana y tu trabajo, pero ahora tienes un hijo, para el cual debes ser el espejo, como lo fue don Remigio para ti.

—Gracias, doña Juana —respondió Antipas.

Se excusó ante la suegra y la esposa y salió, y mientras caminaba, monologaba:

—Debo ser cada día un ejemplo para mi esposa y para mi hijo, en palabras, en mis actos y en mi trabajo.

Llegó al puesto de flores y le dijo a doña Herminia:

—Buen día, doña Herminia, deseo un arreglo que solo tenga flores blancas y rojas.

—Pureza y amor —respondió doña Herminia.

—Así es —dijo Antipas.

Llevó consigo las flores y mientras caminaba retomó el monólogo y se decía: «Ahora tengo que educar a mi hijo; pero, como dice papá: "educar con el ejemplo"». Y prosiguió: «Y es verdad, porque yo soy el espejo de mi hijo; él va a hacer lo que me vea hacer a mí o a su mamá».

Cuando entró a la habitación donde estaba su esposa e hijo, encontró además de la suegra doña Juana a don Pepe, su suegro, a don Remigio, su padre, y a doña Petronila, su madre. Lo recibieron con un aplauso y lo felicitaron, y le dijo don Remigio:

—Te felicito, así se hace.

Entonces, Antipas se dirigió a su esposa, le dio un beso y le dijo:

—Mi amor, mira lo que te traje, mostrándole las flores. A lo que ella expresó:

—Gracias mi amor, tú eres muy especial.

Luego, don Remigio se dirigió a su hijo Antipas y le dijo:

—Hijo, quiero hacerte unas preguntas delante de doña Juana, la madre de tu esposa, y de don Pepe, tu suegro, para que ellos sean testigos de tu respuesta.

—¿Alguna vez me viste borracho, o me encontraste en un lugar de juegos de azares jugando, o me oíste hablarle mal a tu madre o a tus hermanos? ¿Me viste alguna vez agredir a tu madre físicamente o me escuchaste hablar mal de ella, de ustedes o de algún vecino? ¿Escuchaste alguna vez que tenía otra mujer aparte de tu madre? ¿Recuerdas si alguna vez los abandoné y no cumplí con mis responsabilidades?

—No, papá —respondió Antipas.

Entonces prosiguió don Remigio:

—Espero que, así como yo he sido un espejo para ti, tú lo seas para tu hijo, que no tengas de qué avergonzarte y que tu esposa y este, tu hijo, y los que han de venir se sientan orgullosos de ti.

—Así será, papá, y gracias por recordármelo —respondió Antipas.

Por su parte, doña Juana, la suegra de Antipas, dijo:

—Yo también quiero preguntar algo a mi hija Juana y que ustedes sean testigos.

—Juana, cuando te dimos por esposa a Antipas, tú tenías 24 años. En ese tiempo que viviste con nosotros, ¿recuerdas algún comentario de murmuración hablando mal de tu padre o alguna otra persona? ¿Viste alguna vez una o varias vecinas llevando chismes y yo siguiéndoles la corriente? ¿Alguna vez me viste o me escuchaste hablando mal a tu padre o irrespetarle o ponerte a ti o algunos de tus hermanos en contra de él? ¿Sabes si alguna vez jugué el dinero de la comida o de pagar el colegio? ¿Tienes conocimiento de que yo les haya mentido a ustedes, o a tu padre?

—No, mamá. Eso jamás lo he visto ni lo he escuchado de ti —respondió Juana a su madre, a lo que esta contestó:

—Espero que el ejemplo que tú viste en tu padre y en mí sea el que le des a tu esposo e hijo y demás nietos que vendrán. Recuerda lo que decían tus abuelos, mis padres, que en paz descansen: «Cada uno de los padres es como un espejo para sus hijos, pues cada uno de ellos se ve en su papá o su mamá, y los vicios que hay en papá y mamá, ellos los verán como virtudes y los harán suyos también».

Don Pepe y doña Petronila habían guardado silencio y se habían limitado a escuchar, pero ahora, como si lo hubieran planificado, respondieron en coro:

—Lo que no dijeron Remigio y doña Juana es que el ejemplo que hemos seguido es el de la *Sagrada Familia*.

De allí salieron llenos de regocijo; mientras Antipas, Juana y Antipas Junior se dirigían a su hogar, preñados de esperanzas. Y el tiempo y los buenos ejemplos de padres y maestros se encargaron de hacer de Antipas Junior un hombre de bien.

ENSAYOS

¡NO...! (DIÁLOGO)

«¡No...!», fue la palabra que hizo eco en el ambiente en aquella extensa sombra.

—Pero ¿no a qué? —dijo Miguel; todos estaban asombrados del «no» de Mercedes.

Ignorando la razón de tan fuerte expresión, Esther dijo:

—Puede ser no a las drogas, no al VIH, no a la explotación del hombre por el hombre, tantas cosas a las que aplicar el «¡No...!».

Y Mercedes expresó:

—La vida es un don en sus diversas manifestaciones. ¿Quién tiene derecho a extinguirla? O ¿quién está autorizado para discriminar diciendo: «Este puede vivir, aquel no»?

—Bueno, nadie debe oponerse al desarrollo de una vida o a la vida misma, dijo José.

—Miren, hay muchos lugares en el mundo donde a cada momento se le priva a alguien de la vida de manera legal o ilegal, pero sucede —manifestó Carmen.

—Ese es un abuso y siempre será contrario al derecho natural; y quien priva a otro de su vida es un sociópata, no puede ser un ente normal, debe ser un enfermo, porque una persona normal no priva a nadie de su vida ni lo manda a hacer —así habló Luisa.

—Entonces, ¿cómo ustedes me explican lo ocurrido en la Primera y Segunda Guerra Mundial, y en Vietnam, en el Golfo Pérsico, en Afganistán y los sucesos recientes en Irak? —preguntó Emilio.

Entonces Mercedes respondió:

—Los dirigentes de tales acontecimientos no solo fueron mal asesorados, sino que, si se hace un análisis cuidadoso, nos daremos cuenta de la anormalidad cerebral de los mismos.

—Pero no nos vayamos muy lejos pensando en los que han dirigido o dirigen naciones, y detengámonos en nuestro propio patio, donde en nuestras propias narices alguien es privado de su vida, ya por falta de nutrición o por un plomazo de un anormal armado o por un galeno, que olvidando su juramento provoca abortos —expresó Miguel.

—Pero lo peor de todo: nuestros legisladores están atentando contra la vida de toda una nación al querer aprobar el aborto, porque si en este país se práctica el aborto diariamente sin existir una ley, ¿qué va a suceder cuando haya una ley que apoye tal práctica? —dijo Carmen.

Miguel procedió y dijo:

—Oigan, aquí no se puede contar con los que nos dirigen, a ellos les importan sus intereses, no la vida de la población. Somos nosotros, los padres y madres, juntamente con las personas y las instituciones respetuosas de la vida, quienes debemos concienciar a nuestros hijos para que respeten la vida, que entiendan la concepción como un milagro, pues, de millones de células en el esperma del hombre, solo una se fusiona al óvulo de la mujer para dar origen a un nuevo ser y, desde el mismo momento de la fusión de esas dos células están presentes todos los elementos originadores de un ser humano, concluyó Miguel.

Luis se puso de pie y dijo:

—Pero si esa nueva criatura viene con defectos desde su formación, por una mutación o por cualquier otra causa, ¿no sería mejor evitarlo?

Juan respondió:

—Educar a las familias es la consigna con el objetivo de evitar relaciones de parejas originadoras de criaturas no viables para el nacimiento, sometiéndolas a exámenes que abarquen: la historia familiar de la misma, su condición física, mental y emocional. Es un deber del Estado, juntamente con las instituciones comunitarias, velar por la vida y el bienestar de las familias, tomando todas las medidas preventivas para que evitar embarazos no deseados o relaciones entre parejas con genes defectuosos por enfermedades hereditarias de alto riesgo; así hacemos innecesario el aborto.

Este problema se puede resolver con educación y medidas preventivas. Luego se pusieron todos de pie y dijeron:

—¡No al aborto!

Y aquel «¡No!» se dilató en todo el universo haciendo eco de tiempo en tiempo.

CARTA A MIS DESCENDIENTES

El tiempo pasa como ave en vuelo, sin saber si algún día volverá a pasar, por tal motivo aprovéchalo; ya sea para crecer, hacer crecer a alguien o para cualquier obra de bien; consciente de que el bien o el mal realizado por ti retornará a ti.

Cada día es un motivo para luchar y vencer el monstruo que nos asedia y solo se logra con base en la lectura investigativa, en la observación escudriñadora, en la meditación trascendente.

Desnúdate ante la verdad, sé transparente como el agua cristalina apta para el consumo humano y mira la justicia como el sol de mediodía en espacio despejado.

No mientas, excepto cuando sea para salvar al inocente de las garras de la muerte, o de las manos de la iniquidad personificada.

Evita hablar más de lo necesario, la palabra encierra poder; conservarla contigo te hace poderoso; expresarla en el lugar y el tiempo propicio te hace aún más poderoso; sé como las lluvias que consigo traen la germinación de la simiente.

Mira a tu prójimo como al pariente más cercano, jamás lo injuries o difames; pues es la fuente de donde procede, es el manantial de donde se mitiga tu sed.

La política es una ciencia y es un arte, quien la aprende y la ejerce correctamente, para mejorar la condición humana y devolverle la dignidad a los hombres, mujeres y niños, será como las estrellas, su luz pasará hasta la eternidad; si optas por ser político, hazlo con dignidad.

Evita corromper o ser corrompido, prostituir o ser prostituido, al hacerlo serás como el fruto podrido a destiempo u hojarascas arrastradas por el viento.

El dinero es una mercancía, solo sirve para comprar bienes y servicios, quien lo usa de manera apropiada será como el príncipe que sonríe al porvenir; pero su mal uso trae consigo descrédito, mala fama, y no tendrá sitio fijo; en cuanto a ti úsalo como un medio, no como un fin.

El vecino debe ser visitado solo en caso extremo, quien lo hace de manera continua termina como el gato que sustrae lo impropio.

El secreto recibido en calidad de confidente, o como profesional, paciente o amigo; solo eres el baúl depositario, jamás debes divulgarlo.

Quien hace alarde de sus conocimientos o del conocimiento ajeno, proclama su propia ignorancia; la discreción, ante todo, es lo mejor.

Respetar y comprender a los demás es una gran virtud; cada persona es poseedora de una gran verdad, y nadie debe cuestionarla pues esa es su verdad.

El trabajo es una bendición cuando se realiza en pro del desarrollo y crecimiento social; este debe ser visto como una herramienta de progreso personal, familiar y social.

Quien ama la holgazanería ama la miseria y es un enemigo de su familia, es un parásito social; ama el trabajo y huye de la vagancia.

La familia es la primera y principal célula de la sociedad, la cual debe fundamentarse en el amor, la educación, el trabajo y la solidaridad. Quien carece de una familia es como el árbol seco, abrasado por el fuego.

La relación de pareja debe fundamentarse en el amor, el respeto, la confidencia, la solidaridad y la fidelidad, pero la piedra angular es el amor; la ausencia de este aniquila la esencia de la unión marital. Es decir, el Alfa y Omega del convenio.

Ni el esposo ni la esposa están llamados a ser dependientes ni independientes, sino interdependientes, así como una paloma no podría volar sin alas, tampoco las alas de una paloma podrían alzar vuelo sin el cuerpo. Así ocurre con el hombre y la mujer, funcionan si están integrados como las alas y el cuerpo.

Quien injuria o difama a su cónyuge se difama a sí mismo, porque ambos por el convenio marital son uno; debido a que si se daña uno se afecta al otro.

La familia del cónyuge es la familia de la pareja; pero mientras mayor es la distancia de una y otra familia de la pareja, más funcional será. Esto es válido cuando los parientes de una u otra parte interfieren en la intimidad de la nueva familia.

Los asuntos de la pareja solo corresponden a ella, jamás deben interferir las familias de ambos.

El confidente o consejero de los cónyuges debe ser una elección de ambos, las amistades de ambos deben ser respetadas y solo discutidas si interfieren en las relaciones de la pareja.

La fidelidad entre los integrantes del convenio es como la piedra angular de un edificio, no así la infidelidad, que es como la columna de humo que azota la multitud.

El secreto que interfiere con la felicidad de la familia será como el viento huracanado, a su paso arrastra todo.

Las deudas son como aguijones, fraccionan el sueño, evitarlas es de sabios; quien gasta más de lo que adquiere, sin duda terminará endeudado. El salario consumido antes de ganado perpetuará la deuda.

La gratitud es una virtud, carecer de ella es peligro de muerte para sí mismo, una desgracia para la familia y como río desbordado en el seno de la ciudad; pero quien la lleve consigo es bienaventurado.

El que ama no busca defectos para criticar, sino virtudes para elogiar.

Si alguna vez fueses cuestionado acerca de alguien, solo expresa lo positivo de esa persona; de lo contrario guarda silencio, guardar silencio es de personas inteligentes cuando no se tiene nada positivo que expresar de los demás.

Todo ser tiene virtudes, si tú no logras verlas, debes revisarte.

Un descendiente es un tesoro: mientras es menor hay que protegerlo como las niñas de tus ojos, pero cuando es adulto déjalo volar libre como el viento.

El descendiente no debe ser visto como una alcancía donde se deposita la moneda para después sacarla o como la empresa en la que se invierte para luego exigir intereses y capital, no. La prole es forjada con capacidad para soportar los embates de la vida, para enfrentar las vicisitudes y para que venza, para que forme su propia familia y trabaje para ella, dándole a su consorte e hijos lo mejor de sí, dando más de lo recibido; sin embargo, procura no dar a tus hijos más de lo necesario, y así evita hacer un gran mal.

En cuanto a los deberes del hijo para con sus progenitores, lo dejo al sentido común, qué hacer en cada caso o circunstancia.

Quien delega sus responsabilidades familiares en otra persona, aún con las mejores intenciones, siempre será blanco de la crítica malsana.

El padre y la madre mancomunadamente deben velar por la salud física, moral, emocional, espiritual, intelectual y económica de su descendencia.

El desacuerdo de los progenitores en la corrección de sus descendientes en presencia de los mismos crea la fosa del caos familiar.

Las murmuraciones, críticas y chismes deben evitarse en público y en privado, pues este tipo de práctica es un reflejo de nuestro mundo interior.

El criticar a su semejante de manera destructiva es una forma de proyectar nuestra inferioridad ante los demás.

Cada familia tiene su propio patrimonio, este puede ser moral, espiritual, intelectual, o económico, entre otros. Ningún padre o madre debe hacer planes contando con el patrimonio de sus hijos, pues tal es para sí, su esposa e hijos menores. Lo mismo pasa con el patrimonio de los padres; los descendientes deben evitar hacer planes con esos bienes, pues no les pertenecen, debido a que corresponden a la pareja mientras viva, y cuando muera uno de los dos, le corresponden al sobreviviente y cuando este último pase a la ciudad del silencio, entonces, los descendientes tienen derecho a administrarlos y a hacer planes con ese patrimonio.

Cada hijo mayor de 21 años debe formar su propia familia y patrimonio y debe evitar interferir en el patrimonio de sus padres mientras ellos vivan y estén en capacidad de administrarlo.

En la familia debe administrar quien mejor domine el área económica, pero siempre consultando a la otra parte.

El diálogo entre los integrantes de la familia es el talón de Aquiles para la armonía, la comprensión, la paz y la felicidad.

Con amor y gran respeto a todos mis descendientes.

Vuestro padre.

LA POESÍA MÍSTICA DE LA ANTIGUA INDIA

INTRODUCCIÓN

La religiosidad hindú tiene una marcada tendencia a la mística, la considera como una experiencia comunicable y en ella busca liberar el espíritu de la prisión material.

Hay diversos métodos, pero el principal consiste en el control de la mente y el cuerpo, bien sea mediante el ascetismo o a través del encauzamiento de las energías corporales.

De acuerdo con las diversas escuelas que tratan este tema, se clasifica la mística en: ritual, cognoscitiva, yoga devocional o mágica. La última meta es la identificación del propio atman (ātman) con el infinito Brahmán (Brahmā).

Este espíritu místico del hinduismo está plasmado en sus sagradas escrituras sobre todo en los Vedas, los Upanishads y el Mahabhárata (Mahābhārata), de este último, el Bhagavad-Gita (Bhagavad-gītā, Bhagavad guitá) Vol. IV, será utilizado en este ensayo, y de los Vedas solo se tomará en cuenta el Rigveda (Rig Vedá), por estar más acorde con el objetivo a lograr.

En estas obras se conjuga lo místico, filosófico, lo mágico, los hechizos amorosos, los encantamientos, la cosmogonía, la teogonía, entre otros factores.

LOS VEDAS

«Vedas» significa el conocimiento sagrado. Los Vedas es una colección de textos sagrados de los arios, quienes dominaron la India entre los siglos XV al VIII a.C., y fueron escritos en sánscrito; en ellos se narran las luchas interminables entre hombres y dioses y antidioses o divinidades protectoras de los adversarios.

De las colecciones que constituyen los Vedas, el más antiguo es el Rigveda (Rig Vedá), o Veda de las estrofas o de los himnos, que trata de la mitología y las creencias de una primitiva religión védica; además abarca: plegarias, hechizos amorosos, augurios, conjuros contra el mal, relatos históricos y concepciones cosmológicas.

Luego, tenemos una segunda colección en importancia, y es la del Yajurveda (Iáyur Vedá), escrito en sánscrito durante los siglos X-VI a.C., época en que los invasores habían logrado ubicarse y asentarse en la India central; esta obra de libros sagrados contiene las instrucciones técnicas para los sacerdotes brahmanes con fórmulas sagradas o mantras destinados a recitarse en los sacrificios.

El Sama Vedá (Sāma Vedá), es una colección de fórmulas que contiene cantos y rituales, que en algunos casos solo podrían ser recitados en los bosques por su gran efecto mágico y para preservar su secreto de los no iniciados.

La última colección añadida a las tres anteriores se conoce como el Atharva Veda (Átharva Vedá), es una colección de himnos y hechizos mágicos, en la que predominan las fórmulas más propias de religiosidad y folklore popular de los sacrificios rituales.

ESTRUCTURA DE LOS VEDAS

Según el gramático Panini (Pānini) del siglo III a.C.:

> Todos los himnos védicos están compuestos en versos que constan de estancias, las más de ellas de cuatro versos o líneas, otras de tres y algunas de cinco. La línea poda (un cuarto) forma la unidad métrica, la cual tiene como regla general, 8, 11 o 12 sílabas; la estancia la forman líneas de una misma clase, los metros son 15, pero casi siempre se emplean 7.

Antes de finalizar con los Vedas, quiero traer varias citas, que reflejan lo místico, lo mito-poético y lo filosófico de esta cumbre de la literatura universal:

> ¡Oh, Agni!, ¡fuego sagrado!, ¡fuego purificador! Tú que duermes en el madero y subes en llamas luminosas sobre

el altar, tú eres el corazón del sacrificio, el vuelo osado de la plegaria, la chispa oculta en todas las cosas y el alma gloriosa del sol. (Schure, p. 13).

¿Quién podrá negar el alto valor literario de esta estrofa védica, o cuestionar lo trascendente y la relación interiorista de la misma? Ahí vemos el ser interior latente en cada elemento u objeto.

Otra estrofa interesante se puede encontrar en el himno védico 129, del libro X, que dice: «En el principio no era el ser ni el no ser, sino tinieblas recubiertas de nieblas, ondulaciones indistintas en que solo el uno respiraba». Esta estrofa expresa una extraordinaria especulación filosófica, revestida de poesía de alto vuelo, en la que el poeta se traslada al preludio del génesis de todas las cosas, en la que se niega el ser dependiente, no así el trascendente.

En el Rigveda, 3:62 del libro X, se expresa: «¡Meditemos en la adorable gloria del divino vivificador y pueda él dirigir nuestros pensamientos!».

Esta es una plegaria que invita a la meditación en la gloria del dador de la vida en aras de lograr su dirección y guía, pero a la vez manifiesta la creencia en un Dios personal en contraposición a un panteísmo globalizante.

Por último, el mismo Rigveda, dice: «¡El cielo es mi padre, progenitor! Allí está mi origen». (Rigveda, 1: 164.33, Hume, 1924, p. 21). Aquí se hace referencia a Váruna, o cielo circundante, la divinidad hindú del más alto nivel moral, quien fecunda la madre tierra.

En este mismo orden, el Rigveda plantea la cosmogonía antropológica; en su lugar justifica las castas sociales en el hinduismo, en los siguientes términos:

> Su boca se trocó en Brahmán,
> sus brazos se trocaron en el chatria,
> sus muslos se trocaron en vaisía,
> el sudra nació de sus pies.
> (Rigveda 10:90.12, Hume, 1924, p. 22).

Por las estrofas citadas se puede decir que los Vedas se caracterizan desde el punto de vista literario por su dicción sencilla y natural, por la corrección, esmero en la métrica, dominio del lenguaje, así como por el manejo de un lenguaje altamente mito-poético, místico religioso y filosófico.

LOS UPANISHADS

La obra que mejor parece recoger el espíritu místico de la literatura hinduista es la de los Upanishads, estos son considerados como la culminación de la literatura védica y están escritos en prosa y en versos de los Vedas. Esta es una obra escrita a manera de comentarios, contiene 108 comentarios, y fue escrita entre los siglos X y V a.C.

Se cree que, de todos los comentarios ya mencionados, solo 14 son considerados integrantes de los Vedas; esta obra es considerada como la conclusión de los escritos védicos.

Los Upanishads es una colección de XIV libros. Los primeros seis están escritos en prosa y tienen una posición doctrinal muy próxima a los Vedas.

Los cinco posteriores están en versos y presentan un pensamiento más filosófico. Y los últimos tres, escritos en prosa, presentan un concepto de una única realidad suprema, que es el Brahmán, o fuerza del universo, a quien se le identifica como el atman o yo individual y el conocimiento de esta identidad es lo que libera de las continuas reencarnaciones y proporciona la inmortalidad al ser humano.

Las siguientes citas muestran la profundidad mística y filosófica de esta obra: «El que permaneciendo en la tierra es distinto de la tierra, que no conoce la tierra, pero cuyo cuerpo es el que rige interiormente la tierra, en una palabra, es el inmortal».

En la cita que precede, se resalta una conciencia superior, un atman que está en todas las cosas, pero es diferente a todas ellas, aunque es el que sustenta, y he ahí lo trascendente.

Otro párrafo expresa: «Aquel que ve el atman en todas las cosas y todas las cosas en el atman, no será nunca separado del atman universal, que es idéntico a todas las cosas; lo es todo y está interiormente en todo».

Esta cita refleja el panteísmo que aparece contenido en la filosofía y teología del hinduismo.

A manera de conclusión se puede afirmar: los Upanishads es considerada como una revolución espiritual, donde se pasa del ritualismo a la mística, de la magia a la interioridad, de una religión primitiva de la felicidad a una filosofía de la salvación y es la evolución de la religión védica al hinduismo.

Los Upanishads son la base de gran parte de la filosofía posterior de la India.

EL BHAGAVAD-GITÁ

El Bhagavad-Gitá (Bhagavad-gītā, Bhagavad guitá), significa canción de Dios. Este poema místico- filosófico está incluido en el libro IV de la más grande obra épica que haya escrito la humanidad, conocida como Mahábharata (Mahābhārata), escrita y recopilada por el poeta Vyasa (Vyāsa), en sánscrito. La obra contiene 16 volúmenes y es considerada por un crítico inglés «como la obra más grandiosa de la literatura Oriental, superior a la *Ilíada* y la *Odisea*, a la *Jerusalén libertada* y a *Os Lusíadas*».

De los 16 volúmenes de esta obra solo se tratará el Bhagavad-Gita, por estar considerada como la obra más elevada desde el punto de vista místico, poético y filosófico.

De acuerdo con el swami hindú, Śrīla Prabhupāda, en su obra *Krishna, la suprema personalidad de Dios* (1980), bajo el subtítulo *Otros libros*, dice lo siguiente: «Con 5000 años de antigüedad, es considerada la Biblia de la India. Presenta de una manera perfecta todos los temas que siempre han inquietado al hombre: filosofía, ciencia, política, educación, sexualidad, perfeccionamiento de la vida».

Con respecto a la antigüedad de la obra, no hay unanimidad de criterio, pues hay quienes la colocan en el siglo I d.C., y otros en el siglo VI a.C., sin embargo, el escritor ya citado la presenta cincuenta siglos antes de Cristo., lo que se puede considerar una exageración; ya que ningún escritor consultado da mayor antigüedad a otros libros fuera de los Vedas, y este es posterior a los mismos.

Roberto Ernesto Hume, autor del libro *Las religiones vivas* (1924), da a conocer lo siguiente con respecto a esta obra: «Entre los muchos libros sagrados del hinduismo, uno de los más estimados, tanto por los hindúes como por los extranjeros; es el Bhagavad-Gita».

Esta obra tiene la peculiaridad de haber sido la primera en ser traducida al inglés por Charles Wilkins en el siglo XVIII.

Lo trascendental en el sentido espiritual de la obra no necesita mayor explicación que la vivencia que dijo haber tenido el padre de la guerra sin violencia del siglo XX, Mahatma Gandhi: «El Gitá ha sido siempre una fuente de solaz para mí. En momentos en los que no percibía en el horizonte ninguna perspectiva consoladora, abría el Gitá y encontraba ese verso que me daba nuevas esperanzas».

Al entrar a las entrañas del Bhagavad-Gitá, se hace posible gozar de la fragancia del mito, así como de la locura de los dioses y nadar en el mar místico del hinduismo.

El escritor de *Los grandes iniciados*, Édouard Schuré (1994), cita esta obra:

> Tú llevas en tu interior un amigo maravilloso que no conoces. Porque Dios reside en el núcleo de cada hombre, pero pocos saben encontrarlo. El hombre que hace el sacrificio de sus deseos y de sus obras, al ser de donde proceden los principios de todas las cosas y por quien el universo ha sido formado, obtiene por tal ofrenda la perfección. Porque quien encuentra en sí mismo su felicidad, su gozo, y en sí mismo también su luz, es uno con Dios, y sábelo: el alma que ha encontrado a Dios se libra de la muerte y del renacimiento, de la vejez y del dolor, y bebe el agua de la inmortalidad.

Quizás esta sea la cita que justifique que al Bhagavad-Gitá se le llame el nuevo testamento del hinduismo, pues se nota un giro doctrinal y filosófico, en cuanto a lo tradicional, del Dios impersonal, quien se confunde con su obra, y aparece aquí un Dios personal, creador, manantial de inmortalidad para los que se abstienen de los apetitos del yo, para ofrendarse enteramente al ser divino que reside en cada uno, pero hay que descubrirlo y es el secreto de la liberación o salvación.

Lo predominante aquí es lo existencial, lo trascendente de esta existencialidad y el germen interior de lo no visto, pero que está latente.

En vista de la elaboración de la inmortalidad del alma que se entreteje en esta obra, los protagonistas de la épica: Arjuna y la encarnación de Vishnú, Krishna, dialogan asuntos éticos, con respecto a si se debe matar o no en la guerra, y eso origina el siguiente párrafo que parece ser lo más acabado sobre las características del concepto del alma entre los hindúes:

> Ni mata ni es muerta; nunca nace ni muere; las armas no la hieren ni el fuego la abrasa; las aguas no la mojan ni los vientos la secan, de modo que, sabiendo que es así, no deberías apenarte por ello».

Por lo visto este argumento lo usa Krishna para justificarle a Arjuna la muerte de sus enemigos. Según el principal orador del Bhagavad-Gitá, el crimen del soldado no radica en dar muerte al enemigo en una batalla legal, sino en dejar de hacerlo, (Hume, 1924, p. 29).

Otro aspecto que trata la obra en estudio es la razón de la encarnación de Krishna; dice: «Para proteger a los hombres buenos, para aniquilar a los malvados, para restablecer la piedad». (4:8).

En el aspecto devocional, el Bhagavad-Gitá pone en la boca de Krishna: «Vive en mí cualquiera que sea el curso de su vida». (6:31). He aquí un mesías semejante al que asomó en el portal de Belén.

Nos sigue diciendo Krishna: «Aquellos que me adoran devotamente están en mí y yo en ellos. Esté bien seguro el que me adore que no perecerá». (9:29-31).

Solo Jesús, el Cristo, se atrevió a proferir palabras semejantes 5000 años después de Krishna.

En conclusión: el Bhagavad-Gitá, es un poema épico, de gran valor místico poético y filosófico donde Krishna y Arjuna son los protagonistas, simbolizando estos dos personajes uno a la humanidad en lucha contra el mal y otro a la divinidad guiando, instruyendo, protegiendo y liberando.

CONCLUSIÓN

Por lo ya expresado, solo queda decir:
1. Todo el quehacer literario de la antigua India está

repleto de mitos, que envuelven el espíritu místico, religioso y filosófico de esta cultura.

2. El Rigveda, los Upanishads, el Mahábharata, encabezado por el Bhagavad-Gitá, son las obras cumbre de la poesía mística del hinduismo.

3. Los Upanishads y el Bhagavad-Gitá son las obras que revolucionan el pensamiento védico primitivo, y que dan forma al hinduismo actual con respecto a lo místico, religioso, ético y filosófico.

Como la esencia de las mariposas fue el galopar de tu ser.

Olor de mujer durmiente encaminó el vuelo del ave rompiendo con el silencio del infinito.

Nieblas convergen en el sueño profundo y en el delirio caminar.

Noche huérfana acompaña el ensueño y el éxtasis del alba.

Vulnerado el tabernáculo entre el hueco de la sombra y el hilo del retorno.

BIBLIOGRAFÍA

1. *Diccionario Enciclopédico Quillet*, octava edición, (1972), Editorial Argentina Arístides Quillet, vols. V y VIII.

2. *Enciclopedia Hispánica* (1992-1993), vols. VII, VIII y XIV, Estados Unidos.

3. *Enciclopedia Temática Guinness*, Ediciones Folio (1995), Barcelona, España.

4. *Enciclopedia Universal Ilustrada Europeo-Americana* (1973), Editorial España-Calpe, vols. 32, 54 y 67. Madrid.

5. *Las religiones vivas*, Roberto Ernesto Hume (1924), Editorial Mundo Nuevo.

6. *Krisna. La suprema personalidad de Dios* (1980), por su divina gracia Swami Prabhupáda. Editorial The Bhaktivedanta Book Trust, edición revisada, México.

7. *Los 333 libros más famosos del mundo* (1980), dirección general: María Eloísa Álvarez del Real, Editorial América, Panamá.

8. *Los grandes iniciados* (1994), Édouard Schuré, Editorial Texido.

ANÁLISIS LITERARIO DE LA NOVELA
«EL MASACRE SE PASA A PIE»

INTRODUCCIÓN

Tratar de analizar una obra desconociendo su autor e ignorando su contexto histórico es como pretender recopilar en un solo tomo todas las páginas escritas en el correr de la historia.

Por lo tanto, haremos una breve reseña biográfica del autor de la obra *El Masacre se pasa a pie*. Freddy Prestol Castillo nace en la marítima ciudad de San Pedro de Macorís, el 24 de junio de 1913, en una época de crisis política, económica y social del pueblo dominicano, en una familia de nivel económico óptimo.

Realizó sus primeros doce años de estudios en el Colegio Santo Tomas de Aquino, Santo Domingo, Distrito Nacional. Se graduó de abogado en la Universidad de Santo Domingo. Fue político, orador excelente, funcionario de la judicatura, procurador y juez en Dajabón; en la época del degüello de los haitianos, opositor de la tiranía de Rafael Trujillo. Escritor de varias obras literarias como son: *Pablo Mamá*, *El Masacre se pasa a pie*, entre otras.

Fue cuentista e investigador de nuestra historia a su estilo y, a propósito de estilo, Freddy Prestol en sus obras refleja uno que es por una parte tradicional, y, por otra, novedoso en la estructura y uso del lenguaje. El uso de recursos literarios en sus obras es abundante, especialmente en lo poético y en lo épico.

Freddy Prestol Castillo, como todos los mortales, desapareció el 20 de febrero de 1981 de la escena de la historia objetiva, dejando obras y recuerdos que lo colocan en el trono de los inmortales.

En el análisis de la obra *El Masacre se Pasa a Pie* se persigue tomar en consideración: el contexto histórico, sociográfico, cultural, significativo, estructural, así como el contexto formal y expresivo, sin pasar por alto resaltar el comportamiento típico de ciertos sectores sociales de la sociedad dominicana.

OBJETIVOS

GENERAL

Analizar la novela histórica *El Masacre se pasa a pie* tomando en cuenta el fondo y la forma de la misma.

ESPECÍFICOS
- Enfocar el contexto histórico
- Especificar el contexto sociográfico
- Resaltar el contexto cultural
- Explicar el contexto significativo
- Reseñar la perspectiva formal
- Caracterizar las conductas de ciertos sectores sociales dominicanos.

CONTEXTO HISTÓRICO

HISTORIA Y ARGUMENTO DE LA OBRA

Esta novela continuamente hace referencia a acontecimientos históricos de la época de la conquista, así como de la colonia y de inicio del siglo XX. Lo céntrico de la obra se limita al segundo lustro de la década de 1930 a 1940. En ella se refleja todo lo relacionado a la tiranía de Trujillo; en especial toda la realidad política, social y económica de los habitantes de la República Dominicana.

En lo político, todos los poderes del Estado tienen como centro al jefe; este se mantiene a base de una maquinaria de represión y persecución ideológica y racial.

En lo social, solo hay dos polos, los que están con la tiranía y los opositores a ella, quienes viven las de Caín; se autoexilian, se suicidan, los fulmina el hambre o la maquinaria represiva se encarga de ellos.

En lo económico, el hambre y el desempleo es lo predominante, sobresaliendo en todo el ya mencionado crimen capital de la tiranía: «El degüello de los haitianos».

El tema de la obra es: «La ejecución de la orden del superior del gobierno del degüello general de los haitianos», en conformidad con la siguiente cita: «Acabo de recibí unas oidene serias. El gobierno ordena el degüello de cuanto «mañese» jallemo. No repete edá ni pinta. Quémelo hata vivo. ¡Ey!... Saigentoo! ¡Tá jablando el capitán Ventarrón!» (1).

CONTEXTO SOCIOGRÁFICO

En el contexto social y psicológico, en todo el desarrollo de la obra se deja sentir un comportamiento extraño a los personajes ejecutadores de determinadas acciones; se observa que los que llevan a cabo los crímenes lo hacen bajo el efecto del alcohol: «... aquella mañana el capitán seguía borracho y salieron los sargentos con bandas de hombres a continuar sus órdenes» (2).

Refiriéndose al sargento Pío, dice: «Tiene una ingenuidad de pantera alcoholizada que no distingue entre el bien o el crimen» (3).

Refiriéndose al capitán Ventarrón, el narrador expresa: «Para asumir su papel de Atila, acudía al alcohol. ¡Matar a millares! Ancianos, niños y mujeres... ¿Por qué?... ¡No lo sabía!... Era mi orden...» (4).

Por otra parte, está la población civil en la que la protesta, las críticas y el cuestionamiento a la conducta de las autoridades eran el pan de cada día; pero quienes realizaban dichas críticas lo hacían también bajo el efecto de la bebida alcohólica y por lo regular eran personas dueñas de grandes propiedades, que se enriquecían con el trabajo que realizaban los haitianos en sus casas o propiedades. El narrador pone en boca del presidente del ayuntamiento lo siguiente:

—¡Esto es lo nunca visto, Francina! ¿Qué vamos a hacernos las gentes para vivir?... ¿Es qué no quieren a los haitianos?... ¿Qué les han hecho esos negros, tan buenos?... Lo que soy yo, estoy al irme, al venderlo todo, irme a la capital, de donde son mis padres... pero ¿quién va a comprarme? (5).

Pero, cuando don Sebusto termina, dice el narrador:

Y luego mira hacia una y otra parte, arrepentido de haber criticado las medidas del gobierno de desalojar a los haitianos (6).

Luego están las conversaciones de don Leuterio, comerciante de Restauración, quien decía: «No hace falta escuelas, sino comercio libre con haitianos» (7).

Las citas anteriores, entre muchas otras, dan la idea del descontento de los sectores importantes de la provincia de Dajabón, además del estado de presión psicológica en que se encontraban, en el que el miedo, no a decir la verdad, sino a perder la cabeza, se imponía.

CONTEXTO CULTURAL

En cuanto al contexto cultural se refiere, toda la obra está salpicada de un elemento ideológico por aquí, un residuo religioso por allí, un matiz folklórico por allá y un elemento axiológico por acá.

En lo que a lo ideológico se refiere, se refleja la ideología que opta por la libertad y la justicia señalada por la tiranía como la ideología de los comunistas; por otra parte, está la del régimen, que los opositores consideran tiranía; por último, los haitianos con la obsesión de la indivisibilidad de la isla. Las citas que aparecen a continuación dan una idea de las ideologías que se contraponían. «El Dr. Vélez, un médico que no hace mucho salió del presidio, por sus ideas libres, enfrentando al régimen...» (8). En cierta oportunidad, el doctor Vélez dijo al protagonista: «Toma el camino de la liberación!» (9).

En otra oportunidad, el narrador dice: «Abundaban, como siempre, los consejos, invitándome a "ser un hombre", y dar la espalda a la dictadura» (10).

En la próxima cita, el narrador pone en la mente y boca de Mustali, un anciano haitiano que tenía viviendo en Dajabón unos 50 años, la frase clave de la ideología predominante en la educación haitiana: «El viejo está en su rincón acariciando viejos sueños —del Haití imperial—, mientras dice una frase estereotipada, aprendida en las mocedades de la escuela, la frase oficial de Haití: "Une et indivisible…" y calla» (11).

En lo religioso, aparecen las cruces al llegar a Monte Cristi, símbolo del cristianismo occidental: «Unas cruces en un calvario lugareño» (12).

En las personas distinguidas del pueblo se deja sentir el espíritu religioso, como ocurre con doña Francina: «Nada impide que trascienda una angustia amorosa que cubre con mantas cristianas, para ir a la primera misa del alba» (13).

Además, en la obra hay una serie de elementos llenos de superstición e influencia directa del «vudú», en el que se impone la idea de un haitiano que le decían «El Patú», que se le atribuía protección de «El Bacó», quien burlaba la vigilancia de los militares en el río Masacre y aterrorizaba a los dueños de los ganados, ya que trasladaba el ganado a territorio haitiano, burlando así la custodia militar; finalmente un ganadero lo atrapó y le dio muerte.

Este relato da la idea del grado de ignorancia de la población de Dajabón en la época. Dicho relato se encuentra en los capítulos 14 y 15.

En lo folklórico, encontramos lo siguiente: «Juangomero, una música excitante de la línea» (14). «Lejanos, se escuchaban pedazos del merengue, en la noche: "Heroína, tololá… La de Sánche, tololá"» (15).

En lo axiológico, en la obra se refleja una guerra entre los valores y los antivalores. Por un lado, la libertad lucha contra la opresión, mientras la justicia lucha contra la injusticia imperante.

Las siguientes citas dan una idea: «Toma el camino de la liberación» (16). «Mientras camina mi mula en la noche, sesgando las cabezas de este osario, pienso en la noción de "justicia", la justicia… sí, la justicia…». (17).

CONTEXTO SIGNIFICATIVO

Con respecto a lo filosófico en la obra, se observa un ambiente de inconformidad en todos los niveles. El narrador pone la inconformidad en las mentes de los hacendados Rafael Mejía y don Francisco, expresando repudio ante la presencia del capitán, representante genuino de la tiranía; y nos dice de ellos: «Se miran y callan como que quisieran decir: "¡Vete para siempre, capitán!"». (18).

El narrador ve todo el país entregado al asesinato, a la traición, controlado por la tiranía, y lo expresa así: «Nuestro país tiene un dogal de hierro afianzado a la garganta y sobre cada cabeza está el hacha del verdugo! ¿Quién es el verdugo?... ¡Cualquiera! Este o aquel primero delator. Después cualquier mocetón de campo, que abandonó las tierras en busca de mejor suerte y que ahora tiene una nueva misión de carnicero: matar a su hermano, a su padre, a su amigo» (19).

El narrador comunica su inconformidad con todo lo que le ha tocado ver y vivir en las siguientes palabras: «Soy un testigo mudo, un testigo cómplice. Estoy acusado por mi conciencia. ¿Cuál es mi deber?... Acusar. ¡Debo irme!» (20).

En cuanto a la simbología en esta obra, es abundante, por ejemplo, el capitán Ventarrón es símbolo de la tiranía en Dajabón, en conformidad con la siguiente cita: «Mientras tanto, la aldea dormía. Entre los contertulios estaban Manuel Mejía y Francisco Espartero, obligados a acompañar al capitán. Es la tiranía» (21).

El mar viene a representar la liberación, la libertad. La libertad es lo que da la calidad de hombre: «Me señalaba el camino: el mar, el extranjero, para así readquirir la calidad de hombre» (22).

Por la cita antes señalada, el narrador ve como única opción para escapar de la tiranía la huida al exilio.

CONTEXTO ESTRUCTURAL

Con respecto a la organización de esta novela, sigue un formato tradicional.

En cuanto a la perspectiva narrativa, en la obra solo se observan dos sectores claramente definidos: Los seguidores de la tiranía y los opositores a ella.

El narrador se ubica entre los opositores, como lo demuestra el siguiente párrafo puesto en la boca del doctor Vélez, dirigiéndose al narrador de la obra: «Y ahora, debes cuidarte, pues te buscan día y noche los sabuesos... he sabido que el mayor Ozuna mandó al gobierno un expediente acusándote de comunista y enemigo del régimen... por haber abandonado el cargo en Dajabón... a la casa de tu madre ha ido varias veces la policía secreta... Te persiguen y debes caminar únicamente de noche» (23).

Por la cita anterior, se puede afirmar: la narración está hecha desde el ángulo de los opositores del régimen.

CONTEXTO FORMAL

Con relación a la técnica narrativa queda expreso:

a) Que el narrador es testigo de los hechos, como él mismo lo expresa en la cita que aparece a continuación: «Heme aquí todavía en estas tierras. Soy un testigo mudo. Un testigo cómplice. Estoy acusado por mi conciencia. ¿Cuál es mi deber?... ¡Acusar! ¡Debo irme!» (24).

b) Es precisamente lo que hace el narrador, denunciar los crímenes y atrocidades que él presenció bajo la sombra de la tiranía de Trujillo, como funcionario público.

c) El tipo de narración es retrospectiva, pues continuamente el narrador está trayendo a la memoria acontecimientos que ya él ha narrado, por ejemplo, tenemos el caso de la persecución y ejecución de la haitiana Moraime Luis; el narrador expresa dicho acontecimiento en varias ocasiones en el capítulo 5, en la página 35; y en la página 39 dice de ella: «La noticia de la muerte de Moraime Luis a manos de los soldados había abatido a doña Francisca. "Maldito gobierno". "¡Pobre Moraime!"» (25).

Además, aparece el caso de la maestra de «El Almácigo», Ángela Vargas, registrado en el capítulo 11, en el que se resaltan sus cualidades físicas, morales y espirituales; esto lo va a traer el narrador a colación en varias partes de la obra. Hasta el final de la obra, por ejemplo, el narrador dice de ella: «Ángela era un talento, llena de dignidad» (26); así resume todo lo expresado de ella en otros capítulos.

d) El desplazamiento en el tiempo y en el espacio, ambos se dan en esta novela. El narrador se desplaza tanto en el plano mental como en el físico, por ejemplo, en el capítulo 1, el narrador se desplaza desde San Pedro de Macorís hasta Dajabón; luego, en el capítulo 7, el narrador se desplaza en su pensamiento a la capital de la República: «Vuela mi pensamiento a la capital de mi país y veo en algún gabinete de palacio unos señores calvos, obesos y seguramente cobardes» (27).

En otras oraciones se muda al tiempo de la colonia y, en el capítulo 1, en el segundo párrafo, menciona «el situado» que esperaban sus antepasados.

e) Con respecto a los recursos de anticipación y de evocación, Prestol Castillo usa ambos recursos con una facilidad extraordinaria; por ejemplo, el capítulo 28 está dedicado al uso de la evocación, rememora una serie de acontecimientos y personajes de la época imperial de Haití. La siguiente cita es de recurso de anticipación:

> Pensé:
> —¡Abandonados! ¡Abandonados! ¡En la miseria, sin pan! ¡Mañana vendrá el casero a injuriar a tu madre! Luego, volverá el alguacil a tirar en medio de la calle sus pobres enseres. A la vista de todos, qué dirán: "El hijo mayor los abandonó!" (28).

DESCRIPCIONES Y CARACTERIZACIONES

Con relación a las descripciones y caracterizaciones, son ricas y abundantes, pues en esta novela impera lo descriptivo, ya de acontecimientos, lugares o personas. Por ejemplo, la realidad que vivió el país en el cumplimiento de la orden que autorizaba el degüello de los haitianos; así como toda la etapa de la tiranía, queda descrita en el siguiente tópico:

> ¡En la tiranía! ¡Nuestro país tiene un dogal de hierro afianzado a la garganta y sobre cada cabeza está el hacha del verdugo! ¿Quién es el verdugo?... ¡Cualquiera! Este o aquel primero el delator. Después cualquier mocetón de campo que abandonó las tierras en busca de mejor suerte y que ahora tiene una nueva misión de carnicero: matar a su hermano, a su padre, a su amigo (29).

Con relación a la descripción topográfica, presenta una idea clara de la realidad del paisaje de ciertas zonas del país en dicha época, como lo demuestra la siguiente cita, mientras el narrador pasaba por la línea noroeste:

> Después de Santiago, una carretera con sol. Pueblos tristes, secos, niños flacos, espectrales, chivos algebraicos, casas bajas y pardas, de «cana». ¡Sol, sol, sol! Todo está aplastado por el sol. Ahora, vueltas de la ruta asfaltada. ¡Unas cruces en un calvario lugareño y al fin... el viejo y querido mar! (30).

En cuanto a las características de los personajes que intervienen en la obra, solo se citaran algunos, como son: el capitán Ventarrón se caracteriza por representar la tiranía con todo tipo de fuerza represiva, el narrador lo describe como «carnicero» (31). Pero la siguiente cita lo describe mejor:

> El capitán bebía, bebía, bebía. ¡Saigentooo!... Saigento Pío...
> —¡Presente, mi capitán!
> El capitán hablaba tambaleándose, ebrio. Dentro de la embriaguez hacía un esfuerzo y entre la tiniebla de su mente aparecía una luz roja, como de sol sangriento. Haciendo esfuerzos, contestó el saludo, dijo al sargento:
> —Acabo de recibir una jóidene serias. El gobierno ordena el degüello de cuanto «mañese» jallemo. No repete edá ni pinta. Quémelo jata vivos. ¡Ey...! ¡Saigentooo...! ¡Tá jablando el capitán Ventarrón, un trago... y cuando romo halle, ¡tráigalo! ¡Ya uté sabe! ¡Teimine en la candela!... (32).

Por lo visto, el capitán Ventarrón se caracteriza por su servilismo a la tiranía, por su crueldad, por ser un beodo, un prepotente y un criminal de alto quilate.

Otro personaje interesante es don Chepe, a quien el narrador describe con los siguientes términos:

> A don Chepe no le interesaba saber qué es la «República Dominicana». Le bastaban su tierra ancha, sus vacas y sus siembras, fomentadas por negros de Haití. En cambio, su única preocupación era ser miembro del «honorable Cabildo» del poblado (33).

Por lo ya citado, don Chepe se caracteriza por ser un terrateniente, explotador, por solo pensar en sus intereses, en la satisfacción de su ego; algo típico de los explotadores dominicanos.

Por otra parte, está doña Francina, quien se caracteriza por ser la mujer más conocida del pueblo, dueña de pensiones para huéspedes, amiga de todo el mundo, culta, explotadora permanente de haitianos, entre otras.

La cita que aparece a continuación es prueba de lo antes expresado:

> En el villorio se extendió la noticia de la muerte de Moraime Luis, la negra que atendía el albergue de la gran señora doña Francina. [...] Han matado todas las negras que había criado la dueña, doña Francina, un tipo auténtico de la región. [...] Francina, en la aldea, asume todo el atuendo de la dignidad y en efecto es una digna señora (34).

Otro personaje interesante en la obra *El Masacre se pasa a pie* es Ángela Vargas, a quien el narrador dedica mucho tiempo y espacio en su descripción, pero en esta oportunidad se resaltará que Ángela Vargas se caracteriza por ser «maestra de campo», pobre, bonita, deseada físicamente por los funcionarios de la Secretaría de Educación, llena de dignidad.

Las citas que aparecen a continuación confirman lo ya expresado: «En aquel paraje de fealdades, la maestra era el contraste: era bonita. Era maestra, que es equivalente casi a decir que es miserable» (35). «Ángela Vargas, perseguida por una manada de poderosos que intentaban prostituirla. Adrede, le habían cerrado todas las puertas del magisterio, su vocación» (36).

En cuanto al Dr. Vélez se refiere, este se caracteriza por su espíritu de protector, por ser amante de la libertad, por tanto, víctima de la dictadura; como lo demuestra la siguiente cita: «La rebeldía de Ángela encontró respaldo cálido en aquel espíritu libérrimo. Había visitado numerosas prisiones perseguido por el régimen» (37).

CONTEXTO EXPRESIVO

La novela *El Masacre se pasa a pie* es una obra rica en imágenes literarias, entre las que sobresalen:

Reticencia: «—No me maten mis hijos!... ¡Cójanlo tóo!... ¡Qué abuso!» (38).

Comparaciones o símiles: «Sus labios temblaban todavía, y miraba la gran sabana como un idiota» (39).

Prosopopeya: «En la noche, la luna habla al alma. La sabana (...). Epítetos: «... dormida, tibia, aún usa sus holandas de vapor hoslucidas» (40).

Evocación: «En aquel instante, recordaba la mañana aquella. Después de la lluvia. Había cesado el tiroteo y lo recogieron herido. Un jefe sureño que andaba en la guerrilla, dijo: "Primero con este, que es el más valiente"» (41).

Apóstrofe: «De sus gruesos labios, solo se escapan estas palabras: —**Bon Diéu!... Bon Diéu!**...». (42). Tropo: «Y ahora, debes cuidarte, pues te buscan día y noche **los sabuesos**...» (43).

Hipérbole: «Estaba rígido, dentro del abierto zaguán oscuro de una casa colonial. Comenzaba a llover **a cántaros**» (44).

ESTILO Y TENDENCIA

Con referencia al estilo y tendencia del autor, su estilo es tradicional en la forma, pero novedoso en la estructura y en el manejo del lenguaje.

Por las situaciones y personajes que se describen, con una objetividad indiscutible, partiendo de los hechos mismos, podemos decir que la obra El Masacre se pasa a pie es una novela histórica y su tendencia corresponde al realismo, inclinándose en algunos capítulos a lo mágico (Capítulos 14 y 15: El Patú bajo la influencia de «El Bacó»).

COMPORTAMIENTOS TÍPICOS DE LOS DOMINICANOS

En esta obra encontramos diversas conductas o comportamientos que caracterizan al pueblo dominicano o algún sector de la sociedad; por ejemplo, don Chepe, según el narrador, es terrateniente, ganadero, tiene haitianos a su servicio, es un hombre que duerme siesta, en resumen: «A don Chepe no le interesaba saber qué es la "República Dominicana". Le bastaban su tierra ancha, sus vacas, sus siembras, fomentadas por negros de Haití» (45).

Don Chepe es la imagen tradicional de los terratenientes y ganaderos de este país, solo piensan en ellos.

Por otra parte, aparece el caso de don Leuterio, comerciante, que sostenía: «No hacen falta escuelas sino comercio libre con Haití». Él repite la historia del abuelo: «No conocía la "O"… y dejó un hato lleno de vacas, que no se podían contar» (46).

La declaración de Leuterio dice quién era él, es el retrato de nuestros comerciantes, a quienes les interesa el crecimiento de sus intereses, no importa lo demás, ni el destino del país, ni la educación del pueblo: claro, hay raras excepciones.

CONCLUSIÓN

La obra que acabamos de analizar, siendo una novela histórica en la que se impone el realismo, tiene un valor múltiple por varias razones:

a) Por su importancia histórica, debido a la descripción del genocidio más sangriento que haya podido existir en el siglo XX en la isla de Santo Domingo. Nos da una visión clara y precisa del carácter de una dictadura sin paralelo en la historia nacional de la parte oriental de la isla.

b) Por su valor literario, caracterizado por la riqueza de imágenes literarias, por el uso apropiado de términos connotativos y multívocos, dando forma así a una narrativa cargada de un lirismo épico. Finalmente, esta obra debe ser leída por toda persona amante de la literatura; pero en especial por los educadores con responsabilidad de formar a las nuevas generaciones en el orden sociopolítico, sociocultural y psicosocial.

BIBLIOGRAFÍA

1.Prestol Castillo, Freddy (1982). *El Masacre se pasa a pie*. Biblioteca Taller 26, Santo Domingo, Distrito Nacional, Quinta edición, p. 23.
2. Ibíd., p. 26.
3. Ibíd., p.26.
4. Ibíd., p. 24.
5. Ibíd., p. 37.
6. Ibíd., p. 37.
7. Ibíd., p. 38.
8. Ibíd., p. 132.
9. Ibíd., p. 143.
10. Ibíd., p. 142.
11. Ibíd., p. 159.
12. Ibíd., p. 21.
13. Ibíd., p. 35.
14. Ibíd., p. 50.
15. Ibíd., p. 122.
16. Ibíd., p. 143.
17. Ibíd., p. 49.
18. Ibíd., p. 31.
19. Ibíd., p. 31.
20. Ibíd., p. 131.
21. Ibíd., p. 31.
22. Ibíd., p. 142.
23. Ibíd., p. 143.
24. Ibíd., p.131.
25. Ibíd., p. 39.
26. Ibíd., p. 142.
27. Ibíd., p. 49.
28. Ibíd., p. 145.
29. Ibíd., p. 31.
30. Ibíd., p. 21.
31. Ibíd., p. 31.
32. Ibíd., p. 32.
33. Ibíd., p. 33.
34. Ibíd., p. 34.
35. Ibíd., p. 65.

36. Ibíd., p. 141.
37. Ibíd., p. 142.
38. Ibíd., p. 48.
39. Ibíd., p. 24.
40. Ibíd., p. 55.
41. Ibíd., p. 52.
42. Ibíd., p. 49.
43. Ibíd., p. 143.
44. Ibíd., p. 192.
45. Ibíd., p. 25.
46. Ibíd., p. 38.
47. Mora Serrano, Manuel (1974). *Historia de la literatura dominicana e hispanoamericana*. Santo Domingo, República Dominicana. DISESA.

SOBRE EL AUTOR

Ramón Danilo Cordero Rodríguez, oriundo de La Joya, San Francisco de Macorís, República Dominicana, asoma a la ventana de la vida el 16 de agosto de 1952.

ESTUDIOS

Su preparación académica la obtuvo en los siguientes centros formativos:

1. Estudios primarios realizados en la Escuela Primaria La Joya, San Francisco de Macorís, República Dominicana.

2. Bachiller en Teología y Cultura por el Instituto Baxter, de la Ciudad de México, México (1972-1975).

3. Bachiller en Ciencias Físicas y Naturales por el Liceo Gastón Fernando Deligne, Constanza, República Dominicana (1976-1977).

4. Técnico en Administración de Empresas por la Universidad Nacional Pedro Henríquez Ureña (UNPHU), La Vega, República Dominicana (1980-1982).

5. Licenciado en Educación Concentración Ciencias Sociales por la Universidad Mundial Dominicana (UMD), Moca, República Dominicana (1984-1988).

6. Excatedrático de la Universidad Mundial Dominicana (UMD), Moca, República Dominicana, (1988-1990).

7. Exdirector del Instituto de Preparatoria Máximo Antonio Álvarez, La Vega, República Dominicana (1990-1991).

8. Posgrado en Literatura Hispánica por la Pontificia Universidad Católica Madre y Maestra (PUCMM), Santiago de los Caballeros, República Dominicana (1989-1990).

9. Licenciado en Psicología Clínica, por la Universidad de la Tercera Edad (UTE), Santiago de los Caballeros, República Dominicana (2006-2011).

10. Diplomado en Sicometría por el Instituto de Servicios Psicosociales y Educativos (ISPE), Santo Domingo, República Dominicana (2016).

11. Diplomado en Neuropsicología por el Instituto Dominicano para el Estudio de la Salud Integral y la Psicología Aplicada (IDESIP), Santo Domingo, República Dominicana (2016).

ACTIVIDAD LITERARIA

Inició su producción literaria en 1976 con el poema *Ausencia*. Primer poema publicado: *Diálogo con la verdad"*, en la década del 1980 en la revista *La Voz Eterna*, la cual se publica en Estados Unidos de América (en inglés y español).

Recitó en la inauguración del 12do. Festival de Teatro, en la Casa de la Cultura, La Vega, República Dominicana (6 de diciembre de 1995). Después de este festival, ha participado en decenas de recitales locales y regionales en el país.

Productor de programas radiales en Radio Constanza (1976-1978), en Radio La Vega y en La Voz del Camú (1979-1987).

En el año 2019, recibió un reconocimiento por parte de la Academia Dominicana de la Lengua, por sus aportes literarios en poesía y narración.

Su producción poética es de corte romántico, místico, social y metafísico. Varios de sus poemas han sido publicados en las siguientes antologías:

1. *La creación interiorista*, del Ateneo Insular (1997).

2. *El interiorismo, doctrina estética y creación literaria, del Ateneo Insular* (2001).

3. *Voces del alma*, del Taller Literario Letras Veganas (2016).

ACTUALIDAD PROFESIONAL Y CULTURAL

—Miembro fundador del Taller Literario Letras Veganas.

—Miembro del Colegio Dominicano de Psicólogos (CODOPSI).

—Coordinador del Taller Literario Letras Veganas, La Vega, República Dominicana.

—Suplidor bibliográfico a estudiantes y profesionales de Ciencias Jurídicas.

—Miembro de la Fundación Vegana para la Cultura (FUNVECU).

ÍNDICE

CUENTOS

ENSAYOS